MERIAN *live!*

Thailand

Thomas Barkemeier studierte Geschichte, Politik und Philosophie. Als Studienreise-leiter und Autor mehrerer preisgekrönter Reisebücher verbringt er seit 1982 jedes Jahr einige Monate in Asien.

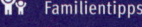 Familientipps

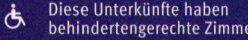 Diese Unterkünfte haben behindertengerechte Zimmer

◎ Ziele in der Umgebung

Preise für ein Doppelzimmer mit Frühstück:

€€€€ ab 125 €   €€ ab 25 €
€€€ ab 70 €   € bis 25 €

Preise für ein Menü mit Vorspeise und Dessert, ohne Getränke:

€€€€ ab 12,50 €   €€ ab 5 €
€€€ ab 7,50 €   € bis 5 €

Inhalt

Willkommen in Thailand 4

10 MERIAN-**TopTen**
Höhepunkte, die Sie sich nicht entgehen lassen sollten 6

10 MERIAN-**Tipps**
Tipps, die Ihnen die unbekannten Seiten des Landes zeigen 8

Zu Gast in Thailand 10

Übernachten 12
Essen und Trinken 14
grüner reisen 18
Einkaufen 22
Feste und Events 24
Sport und Strände 26
Familientipps 30

◄ Thailandflair: Exotische Tempel, üppige
Natur, ursprünglicher Zauber.

Unterwegs in Thailand 32

Nordthailand

Bangkok und
Zentral-
thailand

Nordost- und
Ostthailand

Südthailand

Bangkok und Zentralthailand 34
Im Fokus – Sabai, Sanuk, Suay 58
Nordthailand 60
Nordost- und Ostthailand 74
Südthailand 86

Touren und Ausflüge 112

Bahnfahrt von Bangkok nach Surat Thani 114
Trekking in Nordthailand 117
Inselhüpfen im äußersten Süden 118

Wissenswertes über Thailand 120

Auf einen Blick 122
Geschichte 124
Sprachführer Englisch 126
Kulinarisches Lexikon 128
Reisepraktisches von A–Z 130

Kartenlegende 139
Kartenatlas 140
Kartenregister 152
Orts- und Sachregister 157
Impressum 160

✦ Karten und Pläne

Thailand .... Klappe vorne
Bangkok .... Klappe hinten
Sukhothai 55
Chiang Mai 63
Ko Samui 97

Phuket 105
Von Bangkok nach Surat Thani 115
Kartenatlas 140–151
Die Koordinaten im Text verweisen auf
die Karten, z. B. ▶ S. 140, B 3.

Extra-Karte zum Herausnehmen .... Klappe hinten

Willkommen in Thailand Im »Sehn-
suchtsland« ist der Traum vom glücklichen Tropenparadies
trotz sehr realer Probleme immer noch gelebte Wirklichkeit.

Das Rascheln der Palmen, der Blick auf das türkisfarbene Meer und die langsam untergehende Sonne, dazu der einschläfernde Rhythmus der sich im Wind wiegenden Hängematte – meine Augen schließen sich sanft. Im Traum ziehen die Eindrücke meines sich dem Ende zuneigenden Thailandurlaubs an mir vorbei.

Bangkok – Anschlag auf die Sinne

Der vom nahenden Gewitter verdunkelte Himmel über Bangkok mit seinen futuristischen Wolkenkratzern, die in tiefer Ehrfurcht vor dem Smaragdbuddha im Königspalast knieenden Gläubigen, das fröhliche Lachen des Tuk-Tuk-Fahrers, der wie ein thailändischer Michael Schumacher durch die Straßenschluchten von Bangkok rast, der traurige Blick des Thai-Mädchens mit dem mindestens 40 Jahre älteren Westler an der Hand, der köstliche Geruch der an jeder Straßenecke zu findenden Garküchen, die Menschenmassen und das die Sinne überwältigende Warenangebot in Chinatown und auf dem Chatuchak Markt, der Blick vom Wat Arun über den Chao-Phraya-Fluss mit dem Lichtermeer der sich dahinter ausbreitenden Megacity – Bangkok erscheint im Traum wie in der Wirklichkeit wie ein surrealer Anschlag auf die Sinne.

◄ Asiatisches Lebensgefühl: Auch Arbeiten wie das Reinigen des Seerosenteichs verrichten die Thais mit einem Lächeln.

Land des Lächelns

Das »erträumte Thailand« zeigte sich auch im weiteren Verlauf meines »Spätnachmittagsschlummers« von seiner sinnlichsten Seite. So das Gefühl sanften Gleichmutes beim Anblick der in tiefer Versenkung sitzenden Buddha-Statue im Wat Mahathat im historischen Park von Sukothai oder die überschäumende Lebensfreude und Verspieltheit der Thais beim Songkran Fest nur einen Tag danach. Der betörende Duft der Frangipani-Blüte am Doi Suthep in Chiang Mai und die gelebte Spiritualität der in safranfarbene Roben gekleideten Mönche beim morgendlichen Almosengang in Mae Hong Son. Das Gefühl, eins mit der Natur zu sein beim Geschrei des Affen im Khao Yai Nationalpark und das Verweilen im Hier und Jetzt beim Blick auf den träge vorbeiziehenden Mekong-Fluss in Nong Khai. Die Hilflosigkeit angesichts der sich entgegengestreckenden Hand eines bedürftigen Bettlers in Khorat und die überwältigende Abscheu beim Betrachten der von Gewalt und Brutalität geprägten Videos, die im Bus von Bangkok nach Hua Hin gezeigt werden.

Der Süden des Landes scheint ein einziges Farbenspiel aus schneeweißen Sandstränden, glutroten über rosafarbenen bis violetten Sonnenuntergängen und seliges Schlummern in der Hängematte – kein Wunder, dass mich die Realität genau in diesem Moment wieder eingeholt hatte und ich aus meinem tropischen Schlaf erwachte.

Auf einmal scheint der Traum gelebte Wirklichkeit – alles ist so paradiesisch schön wie zu Beginn – außer dass inzwischen die Sonne untergegangen ist und mir die Moskitos mein wohliges Hängemattenleben verpiesacken.

Jedes Jahr möchten mehr als 11 Millionen Urlauber an diesem Traum teilhaben. Vom Rucksacktouristen über Familien mit Kindern bis zu Senioren – jeder kann hier nach seiner Façon glücklich werden. Dass die allermeisten ihr persönliches Urlaubsglück auch tatsächlich finden, beweist die Tatsache, dass Thailand eine besonders hohe Quote an »Wiederholungstätern« aufweist – in kaum ein anderes Land reisen so viele Reisende mehr als einmal.

Traum und Wirklichkeit

Selbstverständlich gibt es auch Schattenseiten. Besonderen Grund zur Sorge bereitet die äußerst instabile politische Lage des in seinen demokratischen Wurzeln immer noch nicht erwachsen gewordenen Landes. Einzig die Autorität des im Volk zutiefst verehrten Königs scheint unangefochten.

Die sich hinter dem Land des Lächelns auftuenden dunklen Wolken ändern jedoch nichts daran, dass es für fast alle, die einmal in diesem äußerst toleranten, schönen und herzlichen Land gereist sind, ein Sehnsuchtsland bleibt, das einen gefangen nimmt. Wer einmal dort gewesen ist, sehnt sich immer wieder dorthin zurück.

Und auch ich möchte – und werde – den Moment des seligen Einschlafens in der Hängematte auf einer Insel im Süden Thailands noch viele Male genießen.

MERIAN-TopTen

MERIAN zeigt Ihnen die Höhepunkte des Landes: Das sollten Sie sich bei Ihrem Besuch in Thailand nicht entgehen lassen.

 Tham Phra Nang Beach, Krabi
Feinster Sandstrand und türkisblaues Wasser, überragt von tropisch überwucherten Kalksteinfelsen (▶ S. 29).

 Wat Phra Keo und Königspalast, Bangkok
Farbenpracht, Detailreichtum und Eleganz des Gebäudeensembles begeistern jeden Besucher (▶ S. 40).

 Nationalmuseum Bangkok
Über 1000 Exponate geben einen großartigen Einblick in die Kunstgeschichte Thailands (▶ S. 42).

 Sala Rim Naam, Bangkok
Am Ufer des Chao Phraya genießt man zum Menü in edlem Ambiente erstklassige Tanzdarbietungen (▶ S. 47).

 Sukhothai
Ob zu Fuß oder mit dem Fahrrad – die Erkundung dieses wunderschönen Kulturparks ist ein Genuss für die Sinne (▶ S. 54).

 Night Market, Chiang Mai
An Hunderten von farbenfrohen Marktständen wird allabendlich nahezu alles angeboten (▶ S. 66).

7 Flussfahrt auf dem Mae Kok
Die rund 80 km lange Fahrt bietet Naturerlebnisse und vielfältige Kontakte mit den Menschen der Bergstämme (▸ S. 69, 117).

8 Khao Yai National Park
Affen, Schmetterlinge und exotische Vögel begegnen einem in diesem dicht bewaldeten Park auf Schritt und Tritt (▸ S. 79).

9 Ko Phangan
Vom Luxusresort zur Strohhütte, von Full Moon Parties zu weltvergessener Abgeschiedenheit – hier findet jeder sein Glück (▸ S. 92).

10 Ko Phayam
Vom Massentourismus noch unbeflecktes Juwel, versteckt zwischen Festland und burmesischer Grenze (▸ S. 95).

MERIAN-Tipps Mit MERIAN mehr
erleben. Nehmen Sie teil am Leben des Landes und
entdecken Sie Thailand, wie es nur Einheimische kennen.

 **Schlemmer-Etagen der
Kaufhäuser**
Von Seafood über Fastfood
bis zur Gourmetküche – alles
auf engstem Raum und zu
niedrigen Preisen (▸ S. 17).

 Loy-Krathong-Fest
Hier verwandeln sich im gan-
zen Königreich die Flüsse,
Teiche und Ströme in wahre
Lichtergärten (▸ S. 25).

 Robinson-Insel Ko Bulon Leh
Ein Ort für Individualisten,
die auf Komfort, Bars und
Diskotheken verzichten
können (▸ S. 28).

 Tamarind Village, Chiang Mai
Boutique-Hotel im Stil eines
traditionellen Tempels: medi-
tative Ruhe mitten im umtrie-
bigen Chiang Mai (▸ S. 65).

 **Chiang Mai Thai Cookery
School**
Die Cookery School bietet
Schnupperkochkurse bei
profilierten thailändischen
Köchen (▸ S. 66).

 Elephant Round-Up, Surin
»Tierisch« gutes Fest: Bis zu
200 Dickhäuter zeigen in
Wettbewerben ihre Geschicklichkeit (▸ S. 80).

 Den Mekong entlang
Ein friedvolles und ursprüng-
liches Thailand erlebt, wer
am Fluss Mekong entlang
reist (▸ S. 82).

 Felsenklettern, Krabi
Dramatische Felsformatio-
nen: für Anfänger wie Fortge-
schrittene ein Genuss für
Leib und Seele. (▸ S. 102).

 Baan Rim Pa, Phuket
Traumhafte Ausblicke kombi-
niert mit raffinierter Thai-
Küche machen das Spitzen-
restaurant zu einer der
besten kulinarischen Adressen von Phuket (▸ S. 106).

 Kanutouren rund um Phuket
Kanutouren sind die schönste, weil ruhigste und naturschonendste Art, die einzigartige Inselwelt um Phuket
kennen zu lernen (▸ S. 108).

Urlaub im Paradies: Die Bungalows des
Amanpuri Resort (▶ S. 106) sind im traditionellen Thai-Stil errichtet und liegen
traumhaft am Pansea Beach.

Zu Gast
in Thailand

Das Land des Lächelns verwöhnt seine Gäste mit
Luxusquartieren zu kleinen Preisen, kreativer
Thai-Küche und feinsandigen Traumstränden.

Übernachten

Thailands Hotellerie gilt als eine der besten der Welt. Hervorragender Service und exquisite Ausstattung bescheren dem Urlauber ein Höchstmaß an Luxus und Wohlgefühl.

◄ Traumkulisse: Blick vom Open-Air-Restaurant Vertigo im 61. Stock des Banyan Tree Hotels (► S. 44) in Bangkok.

Nicht erst seit Beginn des Touristenbooms Anfang der Neunzigerjahre wird Thailands Hotellerie zu den besten der Welt gezählt. Bereits zu Anfang des 20. Jh. schwärmten Schriftsteller wie Somerset Maugham oder Joseph Conrad vom angenehmen Leben im legendären Oriental Hotel im Zentrum von Bangkok. Heute heimsen die Spitzenhotels des Landes gleich reihenweise Preise bei den alljährlich unter Geschäftsreisenden durchgeführten Abstimmungen über die besten Nobelherbergen der Welt ein. Damals wie heute sind es der hervorragende Service, die exquisite Ausstattung und die vergleichsweise günstigen Preise, die den Ruf der thailändischen Hotels begründen. Beschränkte sich die Auswahl an Spitzenhotels früher fast ausschließlich auf die Hauptstadt Bangkok, so finden sich diese heute in praktisch jeder größeren Stadt des Landes.

Spitzenhotels

Abgesehen von den in fast allen großen Städten sowie den Touristenzentren vertretenen internationalen Ketten wie Hyatt, Sheraton, Westin und Hilton gibt es einige einheimische Hotelgruppen wie Amari, Dusit und Royal Garden, die einen ausgezeichneten Ruf genießen.

Vielfach hat der Bauboom der letzten Jahre sogar dazu geführt, dass es eine Überkapazität an First-Class-Hotels gibt. Dementsprechend empfiehlt es sich, nach Preisermäßigungen, die während der Nebensaison bis zu 40 % ausmachen können, zu fragen.

Während der Hauptreisemonate November und Dezember hingegen kann es zu Engpässen kommen, sodass in dieser Zeit eine frühzeitige Reservierung unbedingt ratsam ist.

Doch auch für Reisende mit kleinem Geldbeutel steht in Thailand eine große Auswahl an empfehlenswerten Unterkünften zur Verfügung. So erhält man in den weit verbreiteten **Guesthouses** gewöhnlich bereits ab 500 Baht ein sauberes Doppelzimmer mit eigenem Bad und unverzichtbarem Deckenventilator.

Luxus auch fürs kleinere Budget

Fast schon luxuriös zu nennen sind Zimmer ab 2000 Baht; in dieser Kategorie sind eine elegante Inneneinrichtung, zu der Kühlschrank und internationales Kabelfernsehen gehören, ebenso selbstverständlich wie ein kleiner Balkon und oftmals auch ein Swimmingpool. Die Schallgrenze zur Oberklasse liegt bei etwa 7000 Baht.

Abgesehen von den zuvor genannten Annehmlichkeiten verfügen diese Nobeletablissements über Business Centre, mehrere Restaurants mit internationaler Küche, 24-Stunden-Coffee-Shop sowie luxuriöse Geschäfte und bestechen meist durch ihre reizvolle Lage, oft inmitten tropischer Gartenanlagen mit Palmen und Blumenpracht.

Die offiziellen Preise verstehen sich exklusive 7 % Mehrwertsteuer und 8 % bis 10 % Servicegebühr.

Empfehlenswerte Hotels und andere Unterkünfte finden Sie bei den Orten im Kapitel ► **Unterwegs in Thailand.**

Preise für ein Doppelzimmer mit Frühstück:

€€€€	ab 125 €	€€	ab 25 €
€€€	ab 70 €	€	bis 25 €

Essen und Trinken Die asiatischen,
arabischen und europäischen Einflüsse lassen kulina-
rische Köstlichkeiten im Kochtopf entstehen. Zu Recht
genießt die thailändische Küche Weltruhm.

◄ Gaumenfreuden: Garküchen (► S. 15) mit einer großen Auswahl an schmackhaften Gerichten gibt es an jeder Ecke.

Manche mögen's heiß. Falls auch Sie dazugehören, ist Thailand genau das richtige Land für Sie, zählt doch die Thai-Küche zu den schärfsten der Welt – und wie Kenner meinen, auch zu den besten. Die für die Thais so charakteristische Fähigkeit, äußere Einflüsse mit der ihrer Kultur zu verbinden und in bestehende Traditionen zu integrieren, zeigt sich gerade bei ihrer Lieblingsbeschäftigung, dem Essen. Hauptsächlich die jahrtausendealten Kulturen Indiens und Chinas prägen die thailändische Küche. Hinzu kommen von Handelsleuten mitgebrachte Einflüsse aus arabischen Ländern und Europa. Die Symbiose indischer Currys, Kokosnusssaucen der malaysischen Halbinsel und der feinen chinesischen Küche, abgerundet mit den frischen Kräutern des Landes, haben über die Jahrhunderte eine der besten Küchen der Welt entstehen lassen – eine Entwicklung, die noch immer nicht abgeschlossen ist, wie die immer größere Beliebtheit der Fusion-Restaurants belegt. Tatsächlich ist es gerade die wunderbar aufeinander abgestimmte Mischung feinster Gewürze, die das eigentliche Geheimnis der Thai-Küche ausmacht. Koriander, Knoblauch, Chili, Zitronengras, Basilikum, Ingwer, Kokosmilch, Minze und Soyasauce finden dabei am häufigsten Verwendung.

»Thais essen entweder gerade oder denken daran, was sie als Nächstes essen könnten.« Jeder Thailandreisende wird dieses in ganz Asien bekannte Bonmot bestätigen können, scheinen doch die Thais tatsächlich zu jeder Tages- und Nachtzeit an allen möglichen und unmöglichen Stellen ihrer kulinarischen Leidenschaft zu frönen: auf Märkten und an den Straßen, in Parks und in Tempelanlagen, in Kaufhäusern und selbst auf den Flüssen, wo sich unzählige **Floating Restaurants**« finden. Noch im kleinsten Provinznest gibt es jene fahrbaren **Garküchen**, die das Thailandbild ganz wesentlich mitgeprägt haben. Nirgendwo sonst scheinen die Thais ihre Philosophie des »Sanuk« (»Spaß haben«) und »Sabai« (was so viel wie »angenehm« und »entspannt« bedeutet) so auszuleben wie im kulinarischen Bereich.

Exotische Köstlichkeiten

In diesem Sinne ist es sicherlich nicht übertrieben zu behaupten, dass der Genuss des einheimischen Essens in Thailand mehr noch als in anderen Ländern für jeden Touristen zum absoluten Muss zählt. Dabei kann man seiner Leidenschaft bedenkenlos freien Lauf lassen, da selbst das Essen an den Straßenständen hygienisch absolut einwandfrei ist – und zudem nicht selten schmackhafter als in so manchem aufwendig dekorierten Gourmettempel. Um sich zu Beginn des Urlaubs erst einmal langsam an die »schärfere Gangart« zu gewöhnen, sollte man der Bedienung die Worte »yan sai prik na«, was so viel wie »bitte kein Chili« bedeutet, mit auf den Weg geben. Sollte der Rachen dennoch einmal brennen, dienen Reis oder eine Banane als die besten Feuerlöscher.

Ganz und gar nicht zu sorgen braucht man sich um die Rechnung, sind doch die Preise für europäische Verhältnisse geradezu lächerlich niedrig. An Straßenständen kostet ein Hauptgericht selten mehr als 30 bis 50 Baht, in einem guten Restaurant zahlt man etwa das Vierfache; selbst in absoluten Spitzenlokalen ist man schon ab 450 Baht für ein Hauptgericht dabei. Wirklich teuer wird es eigentlich nur in den internationalen Spezialitätenrestaurants der First-Class-Hotels, besonders dann, wenn man auf eine gute Flasche Wein nicht verzichten will.

Als eine unentgeltliche Serviceleistung werden in den meisten Restaurants vor und nach dem Essen mit einer wohlriechenden Lotion durchtränkte Tücher an die Gäste verteilt, die nicht nur zur Erfrischung, sondern auch zur Säuberung der Hände dienen. Gegessen wird üblicherweise mit Gabel und Löffel, wobei – nicht ganz im Sinne westeuropäischer Etikette – mit der Gabel die mundgerechten Stücke auf den Löffel geschoben werden. Einzig bei Nudelgerichten werden die aus Asien bekannten Stäbchen zum Essen gereicht.

Kellner sollten unaufdringlich herbeigerufen werden; lautes Rufen gilt im dezenten Thailand als unhöflich. Gehen mehrere Personen zusammen aus, so werden alle bestellten Speisen gleichzeitig in die Mitte des Tisches gestellt, und jeder nimmt sich, wonach ihm gerade der Sinn steht; das gilt übrigens auch für Suppen, die in Thailand zu den Hauptgerichten zählen. Reis wird meist ungefragt in kleinen Schälchen aufgetischt, die jeder Gast einzeln vorgesetzt bekommt.

Regionale Unterschiede

Die geografischen, klimatischen und kulturellen Unterschiede der vier Hauptregionen des Landes spiegeln sich auch in den diversen Regionalküchen wider. Bangkok und Zentralthailand werden wegen ihrer **Reisnudeln** und den wohlschmeckenden

In Thailand hat sich die Fruchtschnitzerei zum ästhetischen Kunsthandwerk entwickelt, das sich am üppigen Angebot tropischer Früchte (▶ S. 17) bedient.

cremigen **Thai-Curries** geschätzt; Nordthailands und hier insbesondere Chiang Mais Spezialität sind trockene, scharfe **Würste** und **Eiernudeln** in einer leichten Currysauce. Gewissermaßen das »Hausgericht des Nordostens« ist mariniertes, gegrilltes **Hühnchen** mit scharfem Papaya-Salat und Klebreis, während Liebhaber scharfer Chili-Gerichte, **Fischgerichte** und mit Kokosnuss versetzter Saucen im heißen Süden voll auf ihre Kosten kommen.

Kaffee, Tee und Bier

Beim flüssigen Genuss ähneln die Thais den Mitteleuropäern überraschenderweise insofern, als sie begeisterte **Kaffeetrinker** sind. Der bei den Thais beliebte »kaafae thung« wird in einem Glas mit Zucker und gesüßter Kondensmilch serviert – dementsprechend schmeckt er dann auch. Wer weder das eine noch das andere will, sollte um »kaafae dam« (schwarzen Kaffee) bitten und ausdrücklich »mai sai naam taan« (ohne Zucker) dazusagen. Das Gleiche gilt für **Tee**, der auch fast immer automatisch mit Zucker und Kondensmilch serviert wird. Bei den **Biermarken** beherrscht das weit über die einheimischen Grenzen beliebte Singha über 50% des einheimischen Markts. Daneben sind die aus Holland bzw. Singapur stammenden Marken Heineken und Tiger beliebt. Ein idealer Durstlöscher ist das sogenannte Fresh Lime Soda. Bei diesem mit Sprudelwasser verdünnten Zitronensaft hat man die Wahl zwischen einer süßen und einer salzigen Variante.

Ein kulinarisches Schlaraffenland ist Thailand auch für alle Liebhaber von **tropischen Früchten**. Neben verbreiteteren Früchten wie Papaya,

MERIAN-Tipp

SCHLEMMER-ETAGEN DER KAUFHÄUSER

Viele der inzwischen auch in den meisten Provinzstädten ansässigen Kaufhäuser reservieren der thailändischen Lieblingsbeschäftigung, der Schlemmerei, eine ganze Etage (meist die oberste), wo sich ein Essensstand an den nächsten reiht. Die Auswahl an Gerichten ist meist enorm – und das zu sehr niedrigen Preisen und fast immer in klimatisierten Räumen. Sehr empfehlenswert!

Bananen, Mandarinen, Mango, Wassermelonen, Pomelo und Ananas gibt es eine Reihe anderer, Europäern eher unbekannter Früchte wie Drachenfrucht, Longan, Rambutan, Karambole und Jackfrucht. Nirgendwo gehen die Meinungen in Bezug auf den Geschmack so weit auseinander wie bei der Durian, der 30 cm langen, mit dichten Stacheln besetzten Frucht. Das sich im Inneren der kugeligen Frucht befindliche Fruchtfleisch gilt bei vielen Asiaten als das wohlschmeckendste überhaupt. Gleichzeitig entwickelt die Durian sehr schnell nach der Reife einen derart unangenehmen Geruch, dass sie für viele ungenießbar ist und nicht in öffentlichen Gebäuden gegessen werden darf.

Empfehlenswerte Restaurants finden Sie bei den Orten im Kapitel ▶ **Unterwegs in Thailand.**

Preise für ein dreigängiges Menü:

€€€€ ab 12,50 €   €€ ab 5 €
€€€ ab 7,50 €   € bis 5 €

grüner
reisen

Wer zu Hause umweltbewusst lebt, möchte dies vielleicht auch im Urlaub tun. Mit unseren Empfehlungen im Kapitel grüner reisen wollen wir Ihnen helfen, Ihre »grünen« Ideale an Ihrem Urlaubsort zu verwirklichen und Menschen zu unterstützen, denen ein verantwortungsvoller Umgang mit der Natur am Herzen liegt.

Königliches Engagement im Umweltschutz

In Thailand ist Umweltschutz Chefsache. Und wer der Chef ist, ist hier keine Frage – König Bhumipol. Sein Engagement spiegelt sich in den Royal Initiative Projekten wider sowie bei der Green Leaf Foundation (GLF), die Umweltstandards und Energieeffizienzmodelle für die Hotellerie entwickelt hat. GLF hat etwa Checklisten für einen umweltbewussten Hotelbetrieb entwickelt. Dazu zählen wasser- und energiesparender Betrieb, ökologische Müllentsorgung, Nutzung umweltfreundlicher Produkte, Lärmschutz sowie Recycling. Die Einhaltung dieser Kriterien wird mit bis zu fünf »Grean Leafs« zertifiziert.

Die neun Thai Royal Projects haben neben einer nachhaltigen Entwicklung die Bekämpfung der Armut, den Erhalt der Kultur sowie die Schaffung von Arbeitsplätzen zum Ziel. Thailand zeigt, dass sich Umweltschutz und die Wahrung des kulturellen Erbes gut mit einer erfolgreichen Tourismuswirtschaft vereinbaren lassen.

Dass das königliche Beispiel Vorbildfunktion hat, spiegelt sich unter anderem darin, dass heute 300 Naturzonen zu Schutzgebieten erklärt wurden – das entspricht 17% der gesamten Landesfläche.

ÜBERNACHTEN
Hotel Banyan Tree Phuket
▶ S. 105, a 3

Vom toxisch verseuchten Grubengelände zu einer offiziell als Naturschutzgebiet gekennzeichneten Lagunenlandschaft mit Luxusresort – die Geschichte des Banyan Hotels versinnbildlicht auf exemplarische Weise, dass sich Tourismus und Umweltschutz sinnvoll ergänzen können. Inzwischen gilt das mehrfach als bestes Spa Hotel der Welt ausgezeichnete Resort als eines der besten Eco-Hotels des Landes. Auf der weitläufigen Anlage wurden nur von den wildlebenden Tieren der Region genutzte Pflanzen und Bäume angepflanzt. Neben vielen umweltschonenden Einrichtungen wie einer hauseigenen Wasseraufbereitungsanlage, geht ein Teil jeder Übernachtung an den Green Imperative Fund. Damit werden unter anderem Projekte zum Schutz der Meeresschildkröten und die Ausbildung für Unterschichtskinder finanziert. Außerdem beschäftigt das Hotelmanagement so viele Angestellte aus der Region wie möglich und erwirbt Nahrungsmittel von lokalen Anbietern.
Phuket, Bang Tao Beach • Tel. 0 76/32 43 74 • www.banyantree.com • 123 Villen • €€€€

Beluga School for Life
▶ S. 150, B 21

Not macht erfinderisch – und selten war die Not so groß wie in Khao Lak nach der Tsunami-Naturkatastrophe 2004. Praktisch der gesamte Ferienort war zerstört, nirgends sonst in Thailand hatten die Flutwellen ein derartiges Bild der Verwüstung zurück gelassen. Besonders das Schicksal hunderter Waisenkinder erschütterte den Bremer Reeder Niels Stolberg. Die von ihm finanzierte, ursprünglich als Schule für elternlose Kinder geplante »Beluga School for Life« hat sich innerhalb weniger Jahre zu einer wichtigen Ausbildungsstätte entwickelt. So können die etwa 150 Jugendlichen auf dem 20 km landeinwärts von Khao Lak gelegenen Gelände nicht nur ihren Schulabschluss erlangen, sondern danach eine Weiterbildung zu Hotelfachkräften durchlaufen.
Konkret anwenden können sie ihr Wissen in der nebenan entstandenen Hotelanlage. Urlauber, die einen der 18 im typischen Thai-Stil errichteten Bungalows mieten, unterstützen so nicht nur das Projekt, sondern erlangen zudem einen unmittelbaren Einblick in die Lebensbedingungen der Kinder. Angeboten werden z. B. auch eine Besichtigungstour durch die Schule, Kochkurse und Erkundungstouren durch die Umgebung.
Na Nai, 7/5 Moo4, Tambon Thung Mapraow, Amphur Tai Muang, Phang-Nga (nahe Khao Lak) • Tel. 04 21/33 32 23 20 • www.beluga-schoolfor life.de, www.charity-travel-thailand. de • €€

EINKAUFEN
Sop Moei Arts
▶ S. 63, d 1

Traditionelles Kunsthandwerk der Bergstämme Nordthailands zählt seit vielen Jahren zu den beliebtesten Mitbringseln westlicher Urlauber. Eine der besten Adressen, um ebenso hochwertige wie authentische Waren der »hill tribes« zu erstehen und dabei gleichzeitig zur Erhaltung der vom Aussterben bedrohten Kultur beizutragen, bietet der Sop Moei Arts Shop in Chiang Mai. Ziel der ursprünglich vor über 30 Jahren als gesundheitliches Hilfsprojekt gegründeten Organisation ist es, die Lebensbedingungen der

Pwo Karen, einer ethnischen Minderheit, durch die Förderung von einkommensschaffenden und kulturerhaltenden Berufen zu verbessern. Beispiele hierfür sind die von der Organisation in den abseits gelegenen Dörfern durch finanzielle Anreize geförderten Ausbildungsstätten für die Seidenweberei und Korbflechterei. Mit dem Kauf der Produkte tragen ausländische Urlauber dazu bei, traditionelle Handwerke am Leben zu erhalten, die in Zeiten der industriellen Massenfertigung vom Aussterben bedroht sind.
Chiang Mai, 150/10 Thanon Charoenrat • Tel. 0 53 32/81 43 • www.sop moeiarts.com (in Bangkok gibt es einen weiteren Laden)

AKTIVITÄTEN
Lisu Lodge Trekking
▸ S. 145, D 12

Jedes Jahr buchen Tausende von Touristen Trekkingtouren zu den Bergvölkern Nordthailands. Bergwandern ist »big business«, und vielen Agenturen geht es dabei nur um den schnellen Profit, ohne auf die Interessen der Besucher, aber noch weniger der Besuchten zu achten. Der gutgemeinte Wunsch, die häufig dem Animismus anhängenden Bergvölker aus nächster Nähe zu erleben, endet dementsprechend leider allzu oft mit einer Enttäuschung – für beide Seiten.
Eine Agentur, die seit Jahren auf sehr einfühlsame Weise die Interessen der Urlauber, Einheimischen und der Natur bei den von ihnen angebotenen Trekkingtouren ins Goldene Dreieck berücksichtigt, ist die in Bangkok beheimatete Asian Oasis. Die von gut geschulten, Englisch sprechenden und fair bezahlten einheimischen Führern geleiteten Kleingruppen legen unter dem Motto »Nur Fußabdrücke zurücklassen« großen Wert auf die Vermeidung von Abfällen und den Schutz der Natur. Ein Teil des Unternehmensgewinns wird für Entwicklungsprojekte der besuchten Bergstämme zur Verfügung gestellt. Angeboten werden ein- bis fünftägige Packages unterschiedlicher Ausrichtung; Ausgangspunkt der Touren ist die ökologische Lisu Lodge, 50 km nördlich von Chiang Mai.
Bangkok, 2/4 Wireless Road • Tel. 0 26 55/62 46 • www.asian-oasis. com/lisu.html • drei Tage mit Trekking, Übernachtungen und Verpflegung kosten ab 9200 Baht

Thai Elephant Conservation Centre
▸ S. 140, C 3

Im »Thai Elephant Conservation Centre« in Lampang, eine Stunde von Chiang Mai entfernt, befindet sich das einzige Elefantenkrankenhaus der Welt unter königlicher Schirmherrschaft. Das Zentrum ist gleichzeitig Forschungseinrichtung und bietet kranken und herrenlosen Tieren ein Zuhause. Auch umweltschonende Projekte wie eine zentrumseigene Papierfabrik, in der Dung zu Papier verarbeitet wird, finden sich auf dem Gelände. Westlichen Besuchern bietet sich die Möglichkeit an diversen Kursen teilzunehmen, deren Erlöse wiederum dem Schutz der Elefanten zu Gute kommen. Am beliebtesten sind die ein- bis dreitägigen »Workshops«, bei denen es sich um eine erste Einführung in das Leben der Elefanten und den Umgang mit ihnen handelt. Selbstverständlich schließt das auch die bei Urlaubern äußerst beliebten Elefantenritte mit ein. Die Kursteilnehmer wohnen in Bungalows in unmittelbarer Nachbarschaft zu den einheimischen Elefantenführern (Mahouts) und erhalten damit einen lebendigen Eindruck vom Dorfleben.

»Charitiy & Travel« – Reisen und Sozialengagement können die Gäste verbinden, die in der Hotelanlage der Beluga School for Life bei Khao Lak (▸ S. 19) absteigen.

Lampang, Lampang-Chiang Mai Highway 28-29 • Tel. 0 54 24/78 75 • www.changthai.com/mahout/ • 1-Tages-Kurs 3500 Baht

Tung Yee Peng Village

▸ S. 150, B 22

Ganz unbescheiden haben sich die Bewohner des kleinen Dorfes Tung Yee Peng an der Ostküste der Insel Ko Lanta gleich mehrere Ziele gesetzt. Bildung, Bewahrung der eigenen Tradition und Umwelt sowie sanfter Tourismus stehen dabei im Mittelpunkt. Die Dorfbewohner haben erkannt, dass der Schlüssel für eine erfolgreiche Zukunft in der schulischen Bildung ihrer Kinder liegt. In dem von den Vereinten Nationen unterstützten Programm werden den Jugendlichen in speziellen Kursen die Bedeutung und Bewahrung ihrer über Jahrhunderte gewachsenen Kultur und Natur nahegebracht. Da der Tourismus eine immer größere Bedeutung erlangt und die Kommunikation mit den Reisenden der Schlüssel zum erfolgreichen Miteinander bildet, beginnt man schon in jungen Jahren mit dem Erlernen von Englisch. Die so qualifizierten einheimischen Führer leiten Bootstouren, in denen sie den Gästen das komplexe Ökosystem des die Region prägenden Mangrovensystems erläutern. Wer einen tieferen Einblick in das Dorfleben gewinnen will, kann in den Dörfern der Einheimischen wohnen (Homestay) und am täglichen Leben teilnehmen. Ko Lanta • Tel. 0 89/5 90 91 73 • www.tungyeepeng.com • ein Tag und eine Übernachtung inkl. Aktivitäten und Transfer kosten 1800 Baht, ein Tag mit Bootstour inkl. Verpflegung und Transfer 850 Baht

Einkaufen
Thailand ist ein einzigartiges Einkaufsparadies. Das Shoppen in den schillernden Malls, auf farbenfrohen Märkten voller Leben oder in Spezialitätengeschäften ist »Sanuk«, macht Spaß.

◄ Die Schwimmenden Märkte in Damnoen Saduak (▶ S. 48) sind am besten von einem Taxiboot aus zu bestaunen.

Als Einkaufsparadies in Asien hat Bangkok längst Hongkong den Rang abgelaufen. Gleich dahinter folgt Chiang Mai, die Metropole des Nordens, wobei der berühmte Nachtmarkt täglich Tausende von Touristen anzieht. Generell ist Handeln möglich und wird sogar erwartet.

»Smooth as silk«

Thai-Seide gilt als beste der Welt und steht auf der Einkaufsliste der meisten Touristen. Die erst nach dem Zweiten Weltkrieg auf dem Weltmarkt bekannt gewordene Seide ist handgearbeitet und hat eine unebene Oberfläche. Die Hauptproduktionsstätten liegen um Chiang Mai und Bangkok. Sie ist in unzähligen Farben und Mustern erhältlich, sowohl als Meterware als auch als fertige Kleidung. Auch **Thai-Baumwolle** hat in den letzten Jahren ob ihrer feinen Textur und guter Haltbarkeit eine enorme Anerkennung gefunden und ist mittlerweile ebenso beliebt wie Thai-Seide. Unter den angebotenen Stoffen sind die attraktivsten die von den Bergstämmen im Norden gewebten und mit feinen Stickereien verzierten. Schneidereien fertigen **Maßanzüge** und Kleider an. Vorsicht ist vor den überall annoncierenden 24-hour-Schneidern angebracht. Denn wer innerhalb von 24 Stunden mit gleich mehreren maßgeschneiderten Anzügen oder Kleidern das Geschäft verlässt, muss für die Schnelligkeit allzu oft mit minderer Qualität bezahlen. Thailand ist im Lauf der letzten Jahre zum zweitgrößten Exporteur für **Juwelen** aufgestiegen, und Bangkok gilt als die Welt-Hauptstadt für Edelsteine. Da die Regierung keine Import- oder Exportsteuern auf rohe und geschliffene Edelsteine erhebt, werden aus aller Welt Steine zum Schleifen hierher geschickt. Dementsprechend viele Gelegenheiten bieten sich, polierte Edelsteine zu kaufen. Preise und Qualität sind gleichermaßen attraktiv. Da es in dieser Branche jedoch viele schwarze Schafe gibt, sollte man nur bei Händlern kaufen, die Mitglied des sogenannten »Jewel Fest Clubs« sind. Hier werden Qualität und Rückgaberecht bei Nichtgefallen garantiert. Eine Mitgliedsliste ist bei den Touristenämtern erhältlich.

Traditionelle Handwerkskunst

Weitere beliebte Mitbringsel sind kunstvoll bemalte **Lackwaren**, **Seidenschirme** und **Keramikarbeiten**, deren Tradition Hunderte von Jahren zurückreicht. Die besten Einkaufsmöglichkeiten bietet Chiang Mai.

Die Kunst des **Holzschnitzens** geht auf eine alte Tradition aus der Sukhothai-Periode über 700 Jahre zurück. Heute liegen die meisten Schnitzereien in den nördlichen Provinzen. Produziert werden Möbel, Haushaltsartikel, Dekorationen und Souvenirartikel. Große und schwere Gegenstände werden häufig auf Wunsch verpackt und auch ins Ausland verschickt. Alle Formalitäten, auch Zoll und Versicherung, erledigen sie dabei selbst. Auch das Central Post Office bietet einen Pack- und Versandservice für nicht ganz so große und schwere Stücke an.

Empfehlenswerte Geschäfte und Märkte finden Sie bei den Orten im Kapitel ▶ Unterwegs in Thailand.

Feste und Events

Feste werden in Thailand selten feierlich, sondern meist ausgelassen und fast übermütig zelebriert. Sie sind Ausdruck purer Lebensfreude und bunt wie in kaum einem anderen Land.

◄ Wichtigstes Utensil beim Loy-Krathong-Fest (► MERIAN-Tipp, S. 25): lotosförmige Blätterschiffchen.

JANUAR/FEBRUAR
Chinese New Year

Das chinesische Neujahrsfest wird mit Umzügen, Drachentänzen und Feuerwerk gefeiert. In Phuket und Bangkok finden große Umzüge statt.

FEBRUAR
Magha Puja

Feiertag zum Gedenken an Buddhas Predigt. Gläubige versammeln sich zu Prozessionen an den Tempeln.
Meist im Februar

APRIL
Chakri-Tag

Erinnerung an die Inthronisation des ersten Königs der bis heute regierenden Chakri-Dynastie, Rama I.
6. April

MAI
Songkran

Das thailändische Neujahrs- und Wasserfest gilt als das beliebteste aller Feste. Es endet gewöhnlich damit, dass sich die Thais auf der Straße kübelweise mit Wasser überschütten.
13.–15. Mai

Visakha Buja

Wichtigster buddhistischer Feiertag. Man feiert Buddhas Geburt, Erleuchtung und Todestag.
Mitte oder Ende Mai bei Vollmond

JULI
Asanha Buja

Landesweit besuchen die Gläubigen die Tempelanlagen und bringen Opfergaben.
Bei Vollmond

MERIAN-Tipp 2

LOY-KRATHONG-FEST

Um Überschwemmungen nach dem Monsunregen abzuwenden, aber auch als Dank für den Regen, der eine gute Reisernte verspricht, wurde von alters her den Göttern geopfert, mussten die Wassergeister und die Wassergöttin besänftigt werden. In jahrhundertelanger Tradition hat sich daraus das Loy-Krathong-Fest, das thailändische Lichterfest, entwickelt. In der Vollmondnacht des zwölften Mondmonats verwandeln sich im ganzen Königreich die Flüsse, Teiche und Ströme in wahre Lichtergärten. Feierlich werden lotosförmige Blätterschiffchen aus Bananenblättern, mit Blüten verziert und bestückt mit Räucherstäbchen, Kerzen, Münzen, Nahrungsmitteln und persönlichen Beigaben, sog. »Krathongs«, ins Wasser gesetzt. Am romantischsten sind die Loy-Krathong-Feste in Sukothai und Chiang Mai.
Ende Oktober/Anfang November

AUGUST
Geburtstag der Königin

Der Tag wird in Bangkok im Bereich des Sanam Luang feierlich zelebriert.
12. August

OKTOBER/NOVEMBER
Geburtstag des Königs

Geburtstag Königs Bhumibol. Besonders eindrucksvoll in Bangkok.
23. Oktober

Loy-Krathong-Fest

► MERIAN-Tipp, S. 25

Sport und Strände
Kaum ein anderes Land bietet eine derartige Vielfalt an Bilderbuchstränden. Doch wie wäre es zur Abwechslung mal mit Kanufahren, Trekking, Felsenklettern oder Golfspielen?

◄ Perspektivenwechsel, um das Land vom Wasser aus zu erkunden: Canoeing in der Bucht von Phang Nga (► S. 109).

Die Auswahl an Sportmöglichkeiten reicht vom Tiefseetauchen in Südthailand bis zum Bergwandern in Nordthailand. Besonders beliebt und von unzähligen Agenturen angeboten sind dabei die mehrtägigen Trekking-Touren durch unwegsames Gelände zu weitgehend von der Zivilisation noch unberührten Bergstämmen.

Weitere vor allem im Norden des Landes angebotene »Abenteuererlebnisse« sind Floßfahrten und die Durchquerung des Dschungels auf dem Rücken eines Elefanten. Geruhsame Wanderungen durch die diversen Nationalparks des Nordostens sind dagegen genau das Richtige für all jene, die ein wenig dem Touristenrummel entfliehen wollen.

Für jede Form von Wassersport ist der Süden Thailands, vor allem mit der Inselwelt um Phuket und Ko Samui, ein wahres Paradies.

Eine umweltschonende und ruhige Art, die maritime Wasserwelt Südthailands zu erleben, sind die von einigen Veranstaltern angebotenen ein- oder mehrtägigen Kanutouren. Für all jene, die schon immer einmal Golf spielen wollten, stehen in Thailand insgesamt mehr als 50 Golfplätze zur Verfügung.

GOLF

Lana Golf Course   ► S. 140, C 2
Chiang Mai • Tel. 0 53/22 19 11

Mission Hills Golf Club
► S. 105, b/c 2
Phuket • Tel. 0 66/76 31 08 88 •
www.missionhillsphuket.com

Phuket Golf & Country Club
► S. 105, b 4/5
Phuket • Tel. 0 76/32 10 38

St. Andrews 2000   ► S. 149, E 17
Pattaya • Tel. 0 66/38 89 38 38 •
www.standrews2000golf.com

Thai Country Club
► Klappe hinten, östl. f 6
Bangkok • Tel. 0 66/2 65 15 300 •
www.thaicountryclub.com

FELSENKLETTERN

Krabi und die Insel Ko Phi Phi zählen zu den weltweit besten Felsklettergebieten der Erde. Jedes Jahr reisen deshalb Kletterenthusiasten aus der ganzen Welt hierher.

Hot Rock Climbing School
► S. 150, B 22
Krabi, Rai Leh Beach • Tel. 0 75 62/
17 71 • www.railayadventure.com

King Climbers   ► S. 150, B 22
Krabi, Rai Leh Beach • Tel. 0 75 62/
58 81 • www.railay.com

Phi Phi Climbers   ► S. 150, B 22
Phi Phi • http://krabidir.com/
phiphiclimbers

KANU

Krabi Canoe Tour   ► S. 150, B 22
Krabi, Ao Nang Beach, Gift's
Bungalow • Tel. 01/7 23 11 28

Paddle Asia   ► S. 105, b/c 4
Muang Phuket, Tambon Rasada,
9/71 Rasdanusorn • Tel. 0 76/
24 09 52 • www.paddleasia.com

Sea Canoe Ko Samui   ► S. 97, c 2
Ko Samui, Blue Lagoon Hotel •
Tel. 0 77/42 20 37

MERIAN-Tipp 3

KO BULON LEH ▶ S. 150, C 23

Die kleine Robinson-Insel im äußersten Südwesten Thailands ist noch ein echter Geheimtipp. Ideal für alle, die Wert auf Individualität legen und die auf den Komfort und den Unterhaltungswert von Bars und Discos verzichten können.

TAUCHEN

Andaman Divers ▶ S. 105, a 4
Phuket, Patong Beach, 83 Thaweewong Rd. • Tel. 0 76/34 11 26

Samui International Diving School ▶ S. 97, c 2
Ko Samui • Tel. 0 77/42 14 65

Santana Diving Centre ▶ S. 105, a 5
Phuket, Kata Beach • Tel. 0 76/33 05 98

TREKKING

Chan Travel ▶ S. 140, A 2
Mae Hong Son, 49 Khunlumpraphas Rd. • Tel. 0 53/61 12 53

Fern Travel Centre ▶ S. 140, A 2
Mae Hong Son, 52/11 Khunlumpraphas Rd. • Tel. 0 53/61 15 37

Northern Express Tour ▶ S. 63, c 2
Chiang Mai, Taiwang Rd. • Tel. 0 53/25 23 58

South Nature Travel ▶ S. 105, b 5
Phuket, 68/2 Soi Poguy, Mal Luang Rd. • Tel. 0 76/23 40 33

Urosia Holidays ▶ S. 63, c 3
Chiang Mai, 36–38 Tapae Rd. • Tel. 0 53/87 42 22

WASSERSPORT

Jet- und Wasserski, Surfbretter und Angelausrüstung können an den meisten Stränden geliehen werden.

STRÄNDE

Hua Hin ▶ S. 149, D 17
Verglichen mit den Traumstränden im Süden Thailands ist der lang gestreckte Badestrand dieses jährlich von der königlichen Familie besuchten Badeorts sicher nicht gerade umwerfend. Für einige Tage Erholung vom hektischen Bangkok wird man sich hier dennoch wohlfühlen.

Ko Chang ▶ S. 146, A/B 16
Während an der Ostküste der Insel braunrötlicher Sand und trübes Wasser vorherrschen, locken die Strände **White Beach, Klong Plao** und **Long Beach** auf der anderen Seite mit schneeweißem Sand und klarem Wasser. Nur die zuweilen auftauchenden Sandflöhe und Quallen stören das Badevergnügen.

Ko Phangan ▶ S. 149, D 20
Mit Abstand beliebtester Strand auf dieser Nachbarinsel von Ko Samui ist der schöne **Hat Rin Beach,** wo sich allerdings inzwischen auch viele Discos und Bars angesiedelt haben. Wer es etwas ruhiger mag, sollte besser **Ao Mae, Tong Nai Pan** oder **Chalok Lam** aufsuchen.

Ko Phi Phi ▶ S. 150, B 22
Die beiden Nachbarinseln Phi Phi Don und Phi Phi Le haben mit den Buchten von **Ton Sai** und **Yong Kasem** sowie dem **Long Beach** und der **Lo Dalam Bay** sicherlich einige der schönsten Badebuchten Asiens zu bieten. Allerdings war Phi Phi mit am stärksten von den Tsunami-

Verwüstungen betroffen, und die Wiederaufbauarbeiten sind noch nicht vollständig abgeschlossen.

Ko Samet ▶ S. 149, F 17

Sai Kaeo ist einer der schönsten und am meisten entwickelten Strände. Wunderbar auch der in einer lang gezogenen Bucht gelegene **Ao Phai** oder Paradiesstrand. Romantikern sei der **Tantawan Beach** mit herrlichen Sonnenuntergängen wärmstens ans Herz gelegt.

Ko Samui ▶ S. 149, D 20

Von den über einem Dutzend Bilderbuchstränden sind der **Chaweng** und der **Lamai Beach** die beliebtesten. Beide liegen in kilometerlangen Buchten, wobei der schneeweiße Sand Chawengs dem etwas grobkörnigen von Lamai vorzuziehen ist. Wem die beiden Strände zu überlaufen sind, der wird sich am **Mae Nam Beach** wohler fühlen. Bis auf eine Luxusanlage herrschen an dieser ruhigen, 4 km langen Bucht immer noch kleine Bungalow-Anlagen vor, in denen man Videoshows und Techno-Klänge vergebens sucht. Gleiches gilt für die beiden sich westlich anschließenden Strände von **Bo Phut** und **Big Buddha**. Wesentlich kleiner, dafür einsam und mit ganzjährig guten Bademöglichkeiten ist der **Choeng Mon Beach** am Nordzipfel Ko Samuis.

Ko Tao ▶ S. 149, D 20

Fast unberührte schneeweiße Strände mit vorgelagerten Korallenbänken bilden den Reiz dieser kleinen Insel. Abgesehen von **Mae Hat** und **Chalok Ban Kao Beach** eignen sie sich jedoch nur bei Flut zum Schwimmen. Exzellente Bade- und Tauchmöglichkeiten bieten auch die drei kleinen, dem Nordwesten Ko Taos vorgelagerten Eilande mit dem Sammelnamen **Ko Nang Yuan**.

Krabi ▶ S. 150, B 22

Der am meisten entwickelte Strand mit dem größten Angebot an Übernachtungsmöglichkeiten und Restaurants ist der ca. 1 km lange **Ao Nang Beach**, 20 km nordwestlich von Krabi Town. Wunderschön, am Fuße steil aufragender Kalksteinfelsen, sind die beiden nebeneinander gelegenen Strände **Rai Leh** und **Tham Phra Nang** ⭐. Besonders Letztgenannter findet sich auf Grund seiner einzigartigen Attraktivität in vielen Bildbänden wieder und gilt vielen als der schönste Strand ganz Thailands.

Phuket ▶ S. 150, A/B 22

Insgesamt 16 Strände bietet Thailands größte Insel, wobei die schönsten an der West- und Südküste zu finden sind. Der meistfrequentierte, aber sicher nicht schönste ist **Patong;** kaum verwunderlich, dass hier auch die Negativseiten des Massentourismus wie Prostitution, Kriminalität und Umweltzerstörung immer mehr das Bild bestimmen. Sehr reizvoll hingegen ist der 4 km lange **Karon Beach**. Wegen seines breiten Sandstrandes und der ruhigen Atmosphäre ist er besonders für Familien mit Kindern geeignet. Das Gleiche gilt für den **Rawai Beach.** Abgelegen und bisher kaum entdeckt ist der herrliche **Nai Thon Beach**, wo es jedoch kaum Übernachtungsmöglichkeiten gibt. Der in einer wunderschönen kleinen Bucht im Süden gelegene **Nai Harn Beach** entspricht allen Klischees von einem Südseeparadies.

Familientipps

Beim Blick in den Sternenhimmel, beim Ritt auf dem Elefantenrücken oder unter wilden Tieren im Safaripark erleben auch die kleinen Thailand-Besucher ihr ganz großes Vergnügen.

◄ Die Safari World (► S. 31), der größte Zoo Thailands, wird alle kleinen Besucher begeistern.

Ancient City ► S. 145, D 12

Auf einem Areal von 80 ha, gestaltet in der Form Thailands, sind 30 km südöstlich von Bangkok 80 Sehenswürdigkeiten des Landes nachgebaut. Daneben kann man Handwerkern bei der Arbeit zusehen und in einem der Restaurants speisen. Für Groß und Klein interessant.
Samut Prakan, Sukhumvit Hwy. • tgl. 8.30–17 Uhr • Eintritt 40 Baht

Bangkok Planetarium ► Klappe hinten, östl. f 5

Wie immer in Thailand präsentiert das Bangkok Planetarium die Reise ins All mit viel Spaß und anhand verschiedener Themenbereiche wie »Die Geschichte der Raumfahrt«, »Das Leben der Sterne« und »Astronomie im Laufe der Jahrhunderte«. Alles sehr anschaulich dargeboten. Und natürlich kann man unter dem Kuppeldach auch einen fast authentischen Eindruck vom Sternenhimmel erhalten.
Bangkok, 928 Sukumvit Rd., Phra Khanong • Tel. 02/3 92 17 73 • Di–So 9–16.30 Uhr • Eintritt 20 Baht, Kinder 10 Baht

Dream World ► S. 145, D 11

Hier erwartet die Kids eine Art thailändisches Disneyland mit Karussells, Go-Cart-Bahnen, nachgebauten Städten, Seen und einer künstlichen Schneelandschaft.
Bangkok, Rangsit Nakornnayok Rd., Thanya Buri • Tel. 0 25 33/19 64 • www.dreamworld-th.com • Mo–Fr 10–17, Sa, So 10–19 Uhr • Eintritt 1200 Baht

Elephant Training Centre ► S. 140, C 2

Etwa 50 km nördlich von Chiang Mai befindet sich das Elephant Training Centre; hier kann man die etwa 50 Elefanten beim morgendlichen Bad im Fluss zusehen. Bei der sich anschließenden Vorführung wird gezeigt, wie die Dickhäuter für die Waldarbeit trainiert werden. Als krönender Abschluss des Familienausflugs bietet sich ein Ritt auf dem Rücken eines Elefanten durch das hügelige Terrain an.
Chiang Dao, Fang Rd. • Waschung und Show: tgl. 10 bzw. 11 Uhr

Phuket Marine Biological Park ► S. 105, c 6

Das 1983 auf der Insel Phuket eröffnete Aquarium bietet einen hautnahen Einblick in die faszinierende Unterwasserwelt Thailands und weist zudem auf die aktuellen Gefahren für den Fortbestand dieses Paradieses hin.
Phuket • tgl. 9–16 Uhr • Eintritt 100 Baht

Safari World & Siam Water Park ► S. 145, D 12

Beide Parks befinden sich ca. 30 km östlich von Bangkok und bieten eine Art künstlich geschaffene »heile Welt« mit Safari Park und frei umherlaufenden Tieren, einer riesigen Vogelvoliere, einem botanischen Garten, Wasserfällen und einem Vergnügungspark.
Min Buri, Ram Indra Hwy. • Mo–Fr 10–18, Sa, So 9–19 Uhr • Eintritt 200 Baht

👫 Weitere Familientipps sind durch dieses Symbol gekennzeichnet.

Inselhopping: Mit den knatternden Longtailbooten lassen sich auch entlegene
Bade- und Schnorchelparadiese erreichen;
hier am Strand von Krabi (▶ S. 101).

Unterwegs
in Thailand

Entdecken Sie die exotische Vielfalt des Landes: vom Hexenkessel Bangkok über die liebliche Bergwelt des Nordens bis zu den Traumstränden im Süden.

Bangkok und Zentralthailand

Spannende Kontraste bietet der zentrale Landesteil.
An die schillernde Metropole Bangkok schließen sich
idyllische, von Reisfeldern gesäumte Dörfer an.

◄ Gelebte Spiritualität: Gläubige im Sakralbereich des königlichen Palastes (► S. 40) in Bangkok.

Bereits zu Beginn des 2. Jahrtausends machten die entlang der großen Flüsse Ping, Yom und Nan von Nord nach Süd wandernden Thais die Region Zentralthailand auf Grund ihres äußerst nährstoffreichen Bodens zu ihrem Siedlungsschwerpunkt. Die historische Bedeutung dieser Region bringt es mit sich, dass sich hier auf recht überschaubarem Raum die bedeutendsten historischen Stätten der thailändischen Geschichte befinden. Diese stehen denn auch ganz oben auf der Liste der touristischen Erkundungstouren. Zu nennen sind hier in erster Linie die Überreste der ersten beiden Hauptstädte des Landes **Sukhothai** und **Ayutthaya**.

Bangkok, Thailands Hauptstadt seit 1767, wird für die allermeisten wohl oder übel am Anfang ihres Thailandurlaubs stehen. Keine andere Stadt ruft regelmäßig derart unterschiedliche Meinungen hervor. Während die einen sie zu den faszinierendsten Städten Asiens zählen, kehren ihr andere gleich nach der Ankunft angewidert den Rücken. Zweifelsohne wäre ein Thailandurlaub ohne den Besuch dieser schillernden Megacity unvollständig. Wen es mehr ins Grüne zieht, dem sei ein Besuch **Kanchanaburis** empfohlen, jener schön gelegenen Stadt, deren Berühmtheit auf ein tragisches Ereignis aus dem Zweiten Weltkrieg zurückgeht.

Einen Zwischenaufenthalt lohnt auch die etwa auf halber Strecke zwischen Bangkok und Chiang Mai gelegene Provinzhauptstadt **Phitsanulok**. Bedeutensten Sehenswürdigkeit

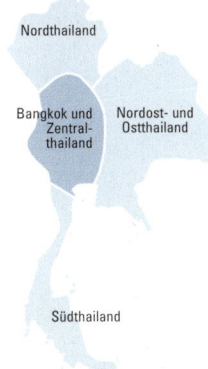

ist der im Hauptkloster der Stadt beheimatete Phra Buddha Chinnarat, der als die schönste Buddhastatue ganz Thailands gilt.

Bangkok ► S. 145, D 12

ca. 8 Mio. Einwohner

Stadtplan ► Klappe hinten

Venedig des Ostens, Schlemmer- und Einkaufsparadies oder Betonwüste, Sündenbabel und Lärmhauptstadt der Welt? Kaum eine andere Metropole ruft regelmäßig derart unterschiedliche Reaktionen hervor wie die gerade gut 200 Jahre alte Hauptstadt Thailands. Tatsächlich entzieht sich die von ihren rund acht Millionen Bewohnern liebevoll Krung Thep (Stadt der Engel) genannte Stadt jeder oberflächlichen Kategorisierung. Am treffendsten beschreibt noch das Bild von der »wunderbaren Katastrophe« die für Bangkok so charakteristische Widersprüchlichkeit.

Der Neuankömmling wird gleich zu Beginn mit den Folgen der rasanten Entwicklung Bangkoks während der letzten 20 Jahre konfrontiert. Nicht pittoreske Holzhäuser entlang romantischer Kanäle bestimmen das

Bild, sondern hypermoderne Wolkenkratzer, die aus dem Meer von hässlichen Betonbauten herausragen.

Schnell und umweltfreundlich: der Skytrain (▶ S. 36), Bangkoks Hochbahn.

Im Straßengewirr selbst hängt man in Bus, Auto oder Tuk Tuk meist in kilometerlangen Verkehrsstaus fest. Hinzu kommt der ohrenbetäubende Lärmpegel, der Bangkok den wenig schmeichelhaften Titel »Lärmhauptstadt der Erde« eingebracht hat. Bis Ende des letzten Jahrzehnts zählte die Metropole zu den Städten mit den weltweit größten Verkehrsproblemen. Mehr als vier Millionen und damit 80% aller im Lande registrierten Fahrzeuge rollen auf den Straßen der Hauptstadt. So etwas wie Stadtplanung war lange Zeit unbekannt, und so war der täglich zu erlebende »Verkehrsinfarkt« in der Stadt ohne Zentrum die nur logische Konsequenz des jahrzehntelangen ungebremsten Wirtschaftswachstums. Der Moloch Bangkok schien an sich selbst zu ersticken.

Mit dem Bau des **Skytrains** wurde eine erste messbare Verbesserung erzielt. Man schätzt, dass durch diese milliardenschwere Investition in den auf zwei Linien hoch über den Straßen gleitenden Zügen täglich bis zu 40 000 Fahrzeuge weniger die Straßen Bangkoks verstopfen. Zudem wurde Mitte 2005 nach über zehn Jahren Bauzeit mit der Fertigstellung der unter deutscher Mithilfe errichteten U-Bahn ein weiterer Grundstein für eine sauberere, gesündere und umweltgerechte Zukunft Bangkoks gelegt.

So ist es wahrlich nicht abwegig, Bangkok als ein Paradebeispiel für die negativen Auswirkungen ungezügelten Wirtschaftswachstums zu bezeichnen. Gleichzeitig jedoch, und hier beginnt die eigentliche Faszination des »Phänomens Bangkok«, lassen sich immer wieder Orte der Ruhe und Entspannung erleben.

Die für den asiatischen Kulturkreis so signifikante Vereinigung von scheinbar Gegensätzlichem – in Bangkok ist sie konkret erfahrbar. So kann man Bilder zeitloser Schönheit erleben, wenn die in safranfarbenen Roben gekleideten Mönche während ihres allmorgendlichen Almosenganges mit ihren Bettelgefäßen die noch friedlichen Straßen und Gassen durchstreifen. Während des Tages bieten sich die über 300 »**Wats**« genannten Klöster als Orte der Ruhe und Entspannung an. In eine andere Welt versetzt fühlt man sich zum Sonnenuntergang auf der Terrasse eines der Luxushotels entlang des majestätisch die Stadt durchfließenden Flusses **Menam Chao Phraya**.

Das Bild der vielen den Fluss entlanggleitenden Passagier- und Frachtschiffe vermittelt auch heute noch einen lebendigen Eindruck von jenen Zeiten, als praktisch der gesamte Verkehr auf Flüssen und Kanälen abgewickelt wurde. Gänzlich ins einstige »Venedig des Ostens« zurückversetzt fühlt man sich während einer Bootsfahrt durch die verwunschenen Kanäle Thonburis, der Schwesterstadt auf der anderen Seite des Chao Phraya.

Wer dann immer noch klagt, dass Bangkok nichts mehr von seiner früheren, typisch asiatischen Faszination bewahrt habe, der wird im unglaublich quirligen **Chinatown** endgültig eines Besseren belehrt. In den verschachtelten und stets überfüllten Gassen lässt sich Basaratmosphäre in ihrer ganzen Lebensfülle und im wahrsten Sinne des Wortes hautnah erleben. Wer die Geschäftigkeit dieses Viertels erlebt hat, wird verstehen, warum auch heute noch fast der gesamte Handel der Stadt von den Chinesen beherrscht wird. Vom Chinesenviertel ist es nicht mehr weit zum **Königspalast** und dem direkt anschließenden **Wat Phra Keo**, jenen Highlights, die sich kein Thailandbesucher entgehen lassen sollte.

Kulinarisch eröffnet sich dem Besucher eine fast unerschöpfliche Vielfalt an Köstlichkeiten, sei es nun in einem Gourmettempel oder an einer der Zigtausend **Garküchen** an vielen Straßenecken. Schier unerschöpflich sind auch die Einkaufsmöglichkeiten. Ob in einem der wie Pilze aus dem Boden schießenden Kaufhäuser oder auf einem der vielen Märkte, überall bietet sich einem ein riesiges Warenangebot. Auch gerade für Nachtschwärmer hat Bangkok einiges zu bieten. Es ist diese Vielschichtigkeit Bangkoks, die den Reiz der Stadt ausmacht. Diese Stadt ist sicher in vielerlei Hinsicht untypisch für den Rest des Landes, doch wer die »Stadt der Engel« nicht gesehen hat, hat ein faszinierendes Stück Thailand verpasst.

SEHENSWERTES

Chinatown ▸ Klappe hinten, d 5/e 6

Eigentlich ist Chinatown eine Stadt in der Stadt mit einer einzigartigen Lebensfülle. Mehrere Tage könnte man in dem chaotischen, lauten und schwülheißen Dschungel aus Läden, Garküchen und Märkten, die von emsigen Lastenträgern durchhastet werden, verbringen. Es riecht nach Knoblauch und Räucherstäbchen, Hunderte Schaufenster sind überfüllt mit Goldkettchen und Amuletten, mit Porzellan und unzähligen anderen Dingen, deren nähere Bestimmung sich einem Westler auf den ersten Blick nicht unbedingt erschließt. Bietet der Zeitplan nur Platz für einen kurzen Besuch, empfiehlt sich ein Gang entlang der winzig kleinen Sampeng Lane, die sich von der kleinen Fußgängerbrücke an der Chakraphet Rd. bis tief ins Chinesenviertel zieht. Vorsicht jedoch vor Taschendieben!

WUSSTEN SIE, DASS...

... der Name »Bangkok« eine westliche Verballhornung des Namens Bang Makok ist? Der »Ort des Olivenbaumes« war der ursprüngliche Name der kleinen Siedlung, an deren Stelle später die Hauptstadt erstand.

Dusit Zoo 👫👶

▶ Klappe hinten, nördl. f 1

Südostasiens größter Zoo hat zwar mit Kängurus, Bisons, Krokodilen und Nashörnern (um nur eine kleine Auswahl zu nennen) eine große Bandbreite exotischer Tiere zu bieten, doch sind diese Arten bekanntlich auch in vielen europäischen Gehegen anzutreffen – und das meist bei wesentlich artgerechterer Haltung. Für Großstadtgeplagte ist die weitläufige, parkähnliche Anlage dennoch einen Besuch wert. Denn als »grüne Insel« bietet sie eine Oase der Ruhe inmitten des Lärms und Getümmels der Großstadt. An Wochenenden und Feiertagen finden sich allerdings Tausende von Erholungsuchenden zum Picknick ein. Ratchawithi Rd./Rama V Rd. • www.zoothailand.org • tgl. 8–18 Uhr • Eintritt 100 Baht, Kinder 50 Baht

Erawan Shrine

▶ Klappe hinten, südöstl. f 4

Kein anderer Ort vermittelt einen so intensiven Eindruck des bei den Thais so ausgeprägten Glaubens an Gottheiten, Geister und Dämonen wie dieser an einer der Hauptverkehrskreuzungen erbaute Schrein. Tausende von Menschen strömen täglich zu dem Schrein, um mit einer Opfergabe für die Erfüllung ihrer Wünsche zu bitten. Bisweilen ist der Schrein hinter einer Wolke aus Weihrauch und unter dem Meer von Blumen kaum mehr zu sehen. Um die Götter günstig zu stimmen, zahlen viele Gläubige für eine Aufführung der ständig auf dem Gelände ansässigen Tänzerinnen. So kommt man als Tourist unversehens in den Genuss einer kostenlosen Aufführung des klassischen Thai-Tanzes. Ratchadamri/Ploenchit Rd.

Buntes Durcheinander von Ständen und kleinen Läden: Die Sampeng Lane ist das Herz Chinatowns (▶ S. 37), hier herrscht geschäftiges Treiben und lautstarkes Handeln.

Jim Thompson's House

▸ Klappe hinten, östl. f 4

Die insgesamt sechs im klassischen siamesischen Stil aus Teakholz erbauten Häuser beherbergen eine faszinierende Sammlung asiatischer Kunstgegenstände, von Buddhastatuen bis zu hochwertiger Thai-Seide. Der Erbauer des Hauses, Jim Thompson, war schon zu Lebzeiten in Asien eine Legende und verschwand 1967 spurlos in Malaysia.

Soi Kasem San 2 • www.jimthompson house.com • Mo–Sa 9–17 Uhr • Eintritt 100 Baht, Kinder 50 Baht

Patpong

▸ Klappe hinten, südöstl. f 6

Auch wenn die einheimischen Tourismusmanager im Aids-Zeitalter um ein sauberes Thailandbild im Ausland bemüht sind, ist Bangkoks weltberühmte Sex-Meile allabendlich Anziehungspunkt für Tausende von Touristen. Seit in der nur wenige hundert Meter langen Gasse Ende der Achtzigerjahre ein florierender Nachtmarkt eröffnet wurde, auf dem an Straßenständen imitierte Edelmarken angeboten werden, prägen zunehmend ganz normale Touristen das Bild. Dass die nach wie vor ansässigen Go-Go-Bars bei dem ganzen Trubel nicht völlig in den Hintergrund treten, dafür sorgen die marktschreierischen Türsteher.

Queen Saovabha Memorial Institute (»Snake Farm«) ♥♥

▸ Klappe hinten, südöstl. f 6

Wieder einer jener Orte, an dem sich die für die Thais typische Fähigkeit zeigt, Praktisches mit Nützlichem auf spielerische Weise zu verbinden. Ursprünglich wurde das Institut 1923 gegründet, um den in Käfigen gehaltenen Schlangen Gift abzunehmen und daraus ein Antiserum zu gewinnen. Auch heute noch dient die Schlangenfarm diesem Zweck, doch inzwischen haben sich die touristisch aufgepeppten Melkzeremonien zu einer viel besuchten Attraktion entwickelt.

Rama IV Rd. • Mo–Fr 8.30–16.30, Sa, So 8.30–12.30, Shows Mo–Fr 11 und 14.30, Sa, So 11 Uhr • Eintritt 200 Baht, Kinder 50 Baht

Vimanmek Teakwood Palace

▸ Klappe hinten, nördl. e 1

Der einstige Palast König Chulalongkorns, angeblich das größte Teakhaus der Erde, ist von innen wie von außen ein wahres Schmuckkästchen. Zu sehen gibt es u. a. Geschenke, die der König von Auslandsreisen mitbrachte, und Fotos der königlichen Familie, hatte der König doch 36 Ehefrauen und 77 Kinder.

Ratchawithi Rd. • tgl. 9.30–16 Uhr • www.vimanmek.com • Eintritt 100 Baht, Kinder 50 Baht (mit Eintrittskarte zum Wat Phra Keo vom gleichen Tag freier Eintritt)

Wat Arun   ▸ Klappe hinten, b 5

Der »Tempel der Morgenröte« zeigt seine ganze Schönheit erst am späten Nachmittag, wenn das rötliche Licht der untergehenden Sonne den mit Millionen von bunten Porzellanstücken dekorierten Tempelturm besonders anmutig und majestätisch erscheinen lässt. Zwar ist der sehr steile Aufstieg zur 82 m hohen Tempelspitze beschwerlich, doch dafür entschädigt der grandiose Ausblick über die vom Chao Phraya durchschnittene Stadt.

Arun Amarin Rd. 34 • tgl. 7–18 Uhr • Eintritt 20 Baht

Überdimensional und überwältigend: der riesige, mit Gold überzogene, liegende Buddha im Wat Po (▶ S. 41), Bangkoks ältester und größter Tempelanlage.

Wat Benchamabophit

▶ Klappe hinten, f 1

Der vom thailändischen Stararchitekten Narai zu Beginn des 20. Jh. aus weißem Carrara-Marmor errichtete Tempel beeindruckt mit seiner eleganten Vollkommenheit. Er ist eine Hauptsehenswürdigkeit in Bangkok.
Si Ayutthaya Rd. • tgl. 9–18 Uhr • Eintritt 20 Baht

Wat Bovornivet

▶ Klappe hinten, d 2

Keine andere Tempelanlage ist derart eng mit dem thailändischen Königshaus verbunden wie dieser 1827 von Rama III. erbaute Wat. So wohnte hier sein Sohn und Nachfolger Mongkut 27 Jahre, bevor er selbst zum König ernannt wurde. Seitdem haben alle weiteren Vertreter der Chakri-Dynastie einschließlich des heutigen Monarchen Bhumibol zu-

mindest einige Wochen ihrer obligatorischen Mönchszeit im Tempel verbracht. Berühmt ist das Gebäude auch für seine außergewöhnlichen Wandmalereien. Wat Bovornivet gilt als eine der besten Adressen zum Studium der buddhistischen Lehre.
Phra Sumen Rd. • tgl. 8–17 Uhr • Eintritt 350 Baht

Wat Phra Keo und Königspalast ❷

▶ Klappe hinten, b/c 4

Das von einer 1900 m langen Mauer eingefasste königliche Palastviertel ist die bedeutendste Sehenswürdigkeit der Stadt. Jährlich über 1 Mio. Touristen besuchen das 2,6 qkm große Areal. Man betritt zunächst den Sakralbereich der aus über 100 Gebäuden bestehenden Anlage. Mittelpunkt der Verehrung ist eine gerade 75 cm große Buddhafigur, zu deren Schutz Rama I. 1884 den prunkvollen Haupttempel errichten ließ. Der smaragdene Buddha (Wat Phra Keo), der ursprünglich aus Chiang Rai in Nordthailand stammen soll, war Anlass für mehrere Kriege mit den Nachbarstaaten und gilt auch heute noch als eine Art nationales Heiligtum. Weitere Prachtbauten umgeben den Haupttempel, und jeder einzelne der mit Gold, Silber und Edelsteinen aufwendig verzierten Tempeltürme ist eine einzigartige Sehenswürdigkeit und sollte auf dem Besichtungsprogramm jeden Bangkok-Besuchers stehen. Gleiches gilt für die insgesamt fünf Gebäude, die den Königspalast bilden. Augenfälligstes Charakteristikum sind die zum Teil ganz unterschiedlichen Baustile innerhalb ein und desselben Gebäudes. Deutlich zeigt sich dies an dem zwischen 1876 und 1880 von einem englischen Architekten erbauten Chakri Maha Prasat, der bis 1946 als Wohnsitz der Könige diente.

Na Phra Lan Rd. • tgl. 8.30–11.30, 13–15.30 Uhr • Eintritt 350 Baht (Einlass nur in angemessener Kleidung)

Wat Po ▸ Klappe hinten, c 5

Hauptsehenswürdigkeit dieses nach dem Wat Phra Keo meistbesuchten Tempels Bangkoks ist die restaurierte Statue eines 45 m langen und 15 m hohen liegenden Buddhas. Daneben beherbergt diese älteste und größte Tempelanlage Bangkoks mehr als 100 weitere Sakralbauten, wobei besonders die oft übersehene Hauptkapelle (Bot) einen Besuch wert ist. Zudem gilt der Wat Po als Zentrum der traditionellen Thai-Massage, und für etwa 120 Baht kann man sich die Verspannung aus den müde gewordenen Gliedern massieren lassen.

Eingang Thai Wang Rd. • tgl. 8–15 Uhr • Eintritt 50 Baht

Wat Saket und Golden Mount
▸ Klappe hinten, e 3

Das im Sonnenlicht auf der Spitze eines 75 m hohen Hügels schimmernde goldene Chedi (Zierkuppel) ist ein beliebtes Fotomotiv. Von oben bietet sich ein wundervoller Ausblick über Bangkok.

Eingang Mahachai Rd. • tgl. 8.30–17.30 Uhr • Eintritt 10 Baht

Wat Traimit ▸ Klappe hinten, f 6

Die eigentliche Bedeutung dieses Klosters unweit der Hua Lamphong Railway Station liegt in der Entdeckungsgeschichte der darin befindlichen Buddhastatue. Sie wurde erst 1955 zufällig bei einem Umzug entdeckt, als die vermeintliche Gipsstatue versehentlich zu Boden fiel und darunter der aus purem Gold bestehende Buddha zum Vorschein kam. Mit seinem Gewicht von 5,5 t beläuft sich allein der Materialwert auf mehrere Millionen Dollar.

Yaowarat Rd./Traimit Rd. • tgl. 9–17 Uhr • Eintritt 20 Baht

MUSEEN
Königliches Barkenmuseum
▸ Klappe hinten, a 2

Die in einem Holzschuppen untergebrachten königlichen Barken mit ihren prächtigen Galionsfiguren geben einen Eindruck vom Glanz jener Wasserzeremonien, die ihre Blütezeit während der Ayutthaya-Epoche erlebten. Schmuckstück der über 40 Barken ist die 40 m lange, überaus kunstvoll verzierte Sri-Suwanahongse-Barke, die der König während der einmal im Jahr stattfindenden Kathin-Zeremonie benutzt.

80/1 Rim Klong, Arun Amarin Rd. • Bootsanlegestelle Thonburi • tgl. 9.30–17 Uhr • Eintritt 100 Baht

Nationalmuseum 🔳

▶ Klappe hinten, b 2/3

Allein der Anblick der 20 wunderbaren Gebäude, die über 1000 Objekte beherbergen, rechtfertigt den Besuch dieses größten Museums Südostasiens. Die meisten dieser Mini-Paläste wurden Ende des 18. Jh. als Wohnsitz des Vizekönigs errichtet. Seit dieses Amt von König Chulalongkorn Ende des 19. Jh. abgeschafft wurde, dient der Palast als Museum. Die Ausstellungsstücke reichen von Elefantensitzen, sogenannten »howdas«, über Münz-, Porzellan- und Waffensammlungen, Kostüme, Gemälde, Musikinstrumente und königliches Geschirr bis zu einer Vielzahl von Buddhastatuen. Um den Überblick zu behalten, empfiehlt sich der Kauf eines kleinen, an der Kasse erhältlichen Heftchens, in dem die verschiedenen Epochen informativ und fachkundig erläutert werden. Eine deutschsprachige Führung findet donnerstags um 9.30 Uhr statt.

Na Phra That Rd. • www.thailandmuseum.com • Mi–So 9–16 Uhr • Eintritt 200 Baht

SPAZIERGANG

Stadtplan ▶ Klappe hinten

Idealer Ausgangspunkt für die etwa vierstündige Wanderung auf den Spuren des historischen Bangkok ist der über die Mahachai Rd. zugängliche **Wat Saket** oder **Golden Mount**. Nicht entgehen lassen sollte man sich die Aussicht von der Terrasse des goldenen Chedi, der der Legende nach eine Reliquie Buddhas enthalten soll. Unbedingt besuchenswert ist der auf dem Gelände des Wat Ratchanatda an der Seite zur Mahachai Rd. befindliche größte Amu-

lett-Markt Bangkoks. Wie sehr das Auto, Götze des Fortschritts, Bangkoks Bild heute prägt, erfährt man auf fast brutale Weise bei einem Spaziergang entlang der unmittelbar vor dem Rama-III.-Park Richtung Westen verlaufenden Ratchadamnoen Klang Rd. Der Lärm Zigtausender Motorräder und Autos, die täglich diese achtspurige Prachtstraße entlangfahren, bohrt sich als zermürbendes Dauergeräusch ins Gehirn. Das in der Mitte der »Champs-Élysées« Bangkoks, wie die Ratchadamnoen Klang Rd. auch genannt wird, stehende **Democracy Monument** wurde 1933 zur Erinnerung an die Ausrufung der konstitutionellen Monarchie errichtet.

Folgt man der Ratchadamnoen Klang Rd. weiter Richtung Westen, gelangt man zu einem ovalen Rasenplatz, dem **Sanam Luang**. »Der Platz der Könige« ist das eigentliche Herz Bangkoks, und um ihn herum gruppieren sich einige der bedeutendsten Gebäude der Stadt. Im Nordosten des Platzes steht inmitten des tosenden Verkehrs der hübsche Thorani-Brunnen. Auf der gegenüberliegenden Seite fallen die Gebäude des **Nationalmuseums** an der Na Phra That Rd. ins Auge. Südlich hiervon folgen die für ihre politisch engagierten Studenten bekannte Thammasat-Universität sowie der **Tempel Wat Mahathat**. Die Besichtigung des sich südlich an den Sanam Luang anschließenden **Wat Phra Keo**, der bedeutendsten Tempelanlage des Landes, mit dem daneben gelegenen Königspalast dauert mehrere Stunden und wird deshalb bei diesem Stadtrundgang ausgeklammert. Abschließen sollte man die Umrundung des Sanam Luang im Südosten

Wendig, schnell und die ideale Alternative, wenn Busse und Taxis auf den verstopften Straßen nicht vorwärtskommen: die Longtail-Boote auf dem Chao Phraya (▶ S. 43).

beim Lak Muang, der dem Schutzgeist Bangkoks gewidmet ist.

Folgt man von hier der Na Phra Lan Rd. für etwa 300 m nach Westen entlang der Mauern des Wat Phra Keo, so gelangt man schließlich zum Bootssteg Chang Wang Luang am majestätischen **Chao-Phraya-Fluss**. Von hier sollte man mit dem Expressboot eine Station in Richtung Süden fahren und an der Thien-Haltestelle aussteigen. Von hier fahren ständig kleine Fähren auf die andere Flussseite, wo sich von der Spitze des wunderschönen **Wat Arun** ein herrlicher Ausblick über Bangkok genießen lässt. Beschließen sollte man den Stadtrundgang ganz stilvoll mit einem spätnachmittäglichen Cocktail auf der Terrasse des legendären **Oriental Hotels**, das wiederum mit dem Expressboot zu erreichen ist.

Dauer: 4 Std.

ÜBERNACHTEN
The Oriental

▶ Klappe hinten, südl. f 6

Eine Institution • Weltklassehotel mit legendärem Ruf, direkt am Chao Phraya gelegen. Im Oriental wohnten schon Somerset Maugham und Joseph Conrad, und auch heute steigen hier Filmstars, Wirtschaftsbosse und Staatsgäste ab. Das 1887 erbaute Haus ist eine Legende. Bei den jährlich durchgeführten Befragungen nach dem besten Hotel der Welt landet das Oriental regelmäßig unter den Top Ten. Selbst wer der oft beschworenen »guten alten Zeit« keine Sympathien entgegenbringt, wird beim nachmittäglichen Tee im herrlichen Author's Wing unwillkürlich sentimentale Gefühle für eine untergegangene Epoche empfinden. 48 Oriental Ave. • Tel. 02/2 36 04 00 • www.mandarinoriental.com/bangkok • 393 Zimmer • €€€€

The Peninsula Bangkok

▶ Klappe hinten, südl. e 6

Tolle Aussicht • Das unmittelbar am Fluss Chao Phraya gelegene Spitzenhotel bietet seinen Gästen einen luxuriösen und stilvollen Aufenthalt bis ins kleinste Detail.
333 Charoen Nakhorn Rd., Klongsan • Tel. 02/8 61 28 88 • www.peninsula. com • 370 Zimmer • €€€€

Arun Residence

Geheimtipp in toller Lage • In herrlicher Lage direkt gegenüber dem Wat Arun am Chao-Phraya-Fluss gelegenes Boutique-Hotel in einer renovierten portugiesischen Villa – familiär und klassisch in einem.
36-38 Soi Pratu Nok Yung • Tel. 02/21 91 58 • www.arunresidence.com • 5 Zimmer • €€€

Baiyoke Sky Hotel

▶ Klappe hinten, südöstl. f 6

Futuristisches Design • Nicht nur seine Architektur, auch die zentrale Lage und das gute Preis-Leistungs-Verhältnis machen dieses mit 307 m zweithöchste Hotel der Erde zu einer der empfehlenswertesten Unterkünfte Bangkoks.
222 Rajprarop Road • Tel. 02/6 56 30 00 • www.baiyokehotel.com • 660 Zimmer • €€€

Banyan Tree Bangkok

▶ Klappe hinten, südöstl. f 6

Eleganz pur • Mehrfach ausgezeichnetes Spitzenhotel, bei dem Design, Service, Zimmergröße und hauseigene Gastronomie gleichermaßen herausragend sind.
21/100 South Sathorn Rd., Thai 257/1–3 Charoen Nakhon Rd. • Tel. 02/4 76 00 22 • www.marriott.com • 365 Zimmer • €€€

ESSEN UND TRINKEN

Lord Jim's ▶ Klappe hinten, südl. f 6

Edelrestaurant direkt am Fluss • Das Spitzenrestaurant besticht durch angenehme Atmosphäre, schönen Ausblick auf den Fluss und exzellenten Service.
Oriental Hotel • 48 Oriental Ave. • Tel. 02/2 34 99 20 • €€€€

Royal Kitchen

▶ Klappe hinten, südöstl. f 6

Chinarestaurant vom Feinsten • Eines der besten und teuersten chinesischen Restaurants der Stadt mit hervorragender Küche und elegantem Ambiente.
Sathorn Nua Rd. • Tel. 02/2 33 14 95 • €€€€

Bussaracum

▶ Klappe hinten, südöstl. f 6

Erstklassige Thai-Küche • Für Liebhaber der thailändischen Küche eines der besten Restaurants. Die zwanglos elegante Atmosphäre wird vor allem von Geschäftsleuten geschätzt.
35 Soi Piphat 2, Convent Rd. • Tel. 02/2 35 89 15 • €€€

The Mango Tree

▶ Klappe hinten, südöstl. f 6

Mit Livemusik • Köstliche Thai-Gerichte im stilvollen Ambiente eines 80 Jahre alten Thai-Hauses.
Soi Anumarn Rachthon, Surawong Rd. • Tel. 02/2 60 19 88 • €€€

Blue Elephant

▶ Klappe hinten, südöstl. f 6

Majestätisch in jeder Beziehung • In einem restaurierten Kolonialgebäude werden alte königliche Gerichte mit internationalem Einschlag zu einer raffinierten Mischung.

233 Sathon Tai • Tel. 02/6 73 93 52 •
www.blueelephant.com • €€

Rang Mahal

> ▸ Klappe hinten, südöstl. f 6

Indisch mit toller Aussicht • Das Lokal serviert ausgezeichnete indische Gerichte und bietet ein schönes Ambiente mit großartigem Blick über die Skyline der Stadt.
19 Sukhumvit Soi 18 (im Hotel Rembrandt) • Tel. 02/2 61 71 00 • €€

Spice Market

> ▸ Klappe hinten, südöstl. f 4

Sinn fürs Detail • Dieses wunderschön eingerichtete Restaurant im Stil eines Gewürzmarktes genießt nicht nur wegen seiner vorzüglichen Küche, sondern auch wegen der Dekoration der Speisen einen ausgezeichneten Ruf.
155 Ratchadamri Rd. (Regent Hotel) • Tel. 02/2 51 61 27 • €€

Mah Boonkrong Centre

> ▸ Klappe hinten, östl. f 4

Ganz und gar Thai • Manch großes Kaufhaus reserviert der Schlemmerei eine ganze Etage und lässt sich das bezahlen. Von Seafood über Fastfood bis zur Gourmetküche ist hier alles auf engstem Raum vorhanden – zu sehr günstigen Preisen. Ideal für eine Pause vom Shopping-Marathon.
Phaya Thai Rd., 6. Stock • €

Manohra Cruises

Gleitend dinieren • Ein kulinarisches Vergnügen besonderer Art sind die von verschiedenen Agenturen offerierten Dinnercruises auf dem Chao-Phraya-Fluss. Beim gemächlichen Gleiten auf den zu schwimmenden Restaurants umgebauten Schiffen kann man die gerade abends atemberaubende Kulisse bestaunen und gleichzeitig die köstliche thailändische Küche genießen. Einer der besten (und teuersten) Anbieter ist Manohra Cruises.
Tel. 02/4 77 07 70 • www.manohra cruises.com

EINKAUFEN

Alex & Co. ▸ Klappe hinten, südl. f 6

Traditionsreiches Geschäft mit einer großen Auswahl an wunderschönen Silberartikeln.
14/1 Oriental Lane

Asia Books

> ▸ Klappe hinten, südöstl. f 4

Hervorragende Auswahl an englischsprachiger Literatur und Bildbänden über Bangkok und Thailand. Mehrere Filialen in der Stadt.
221 Sukhumvit Rd.

Chitralada Shop

> ▸ Klappe hinten, südl. f 6

Verkaufsstätte der Kunsthandwerksprojekte von Königin Sirikit. Die Auswahl reicht von Korbwaren über Seidenstoffe bis hin zu Schmuck.
48 Oriental Ave., New Rd. (4. Stock)

Jim Thompson's Thai Silk

> ▸ Klappe hinten, östl. f 4

International die berühmteste Firma für Thai-Seide. Das Angebotene ist der Qualität entsprechend teuer.
9 Suriwong Rd.

Monogram

> ▸ Klappe hinten, südl. f 6

Das älteste Antiquitätengeschäft Bangkoks mit einer guten Auswahl an thailändischen, burmesischen und chinesischen Waren.
48 Oriental Ave., New Rd. (im Oriental Hotel)

Oriental Leathers

▸ Klappe hinten, südl. f 6

Handtaschen, Gürtel und Porte-monnaies vom Feinsten – allerdings auch nicht gerade preiswert.
48 Oriental Ave., New Rd. (im Oriental Hotel)

Thai Home Industries

▸ Klappe hinten, südl. f 6

Eine wahre Fundgrube für ausgefallene Objekte wie Geisterhäuschen, Schattenfiguren und Stempelkissen.
35 Oriental Lane

MÄRKTE

Bobay Market

▸ Klappe hinten, f 3/4

Hier können zum Teil hochwertige Hemden und Hosen zu extrem günstigen Preisen erstanden werden.
Krung Kasem Rd.

Chatuchak Market

▸ Klappe hinten, nordöstl. f 1

Auf 125 ha wird an über 5000 kleinen Ständen ein unüberschaubares Warenangebot ausgebreitet. Es reicht von der Topfpflanze bis zum Kampfhahn, vom Tanga bis zum Büffelschädel, von der Mini-Stereoanlage bis zum Suppentopf – nichts für Klaustrophobiker.
Phahon Yothin Rd. • Sa, So 7–21 Uhr

Pahurat Market

▸ Klappe hinten, d 5

Inmitten des indischen Viertels verkaufen indische Händler farbenfrohe Stoffe und Kleidung. In der zweiten Etage des zum Bersten vollen Marktes werden zudem Schmuck, Kunstgegenstände und Räucherstäbchen aus Indien angeboten.
Pahurat Rd.

Ideal, um sich für den kleinen Hunger zwischendurch zu wappnen: Eine Straßenverkäuferin bietet in der Khao San Straße kleine Gerichte und Obst an.

Patpong Nightmarket

▸ Klappe hinten, südöstl. f 6

Abends ab 18 Uhr verwandelt sich Bangkoks sündige Meile – die kaum mehr als 300 m lang ist – in einen Nachtmarkt mit unzähligen provisorischen, dicht gedrängten Ständen. Was bei den Thais längst außer Mode ist, nämlich die garantiert unechten Rolex, Louis-Vuitton-Koffer und Levis-Jeans, gibt's hier zuhauf. Das Gleiche gilt für angebliche Antiquitäten. Um den Preis zu handeln ist hier absolute Pflicht!

AM ABEND

»One night in Bangkok« ist für viele immer noch gleichbedeutend mit Go-Go-Bars, Massagesalons und Sex-Shows. Man schätzt die Zahl der im horizontalen Gewerbe tätigen Frauen auf 300 000. Bangkok genießt daher sicherlich nicht ganz zu Unrecht den zweifelhaften Ruf, die Sex-Metropole Asiens zu sein.

Doch die Zeiten ändern sich. So stellen die alleinreisenden Männer inzwischen die Minderheit der Thailandbesucher. Wenig bekannt ist, dass sich in Bangkok eine der interessantesten Musikszenen Asiens etabliert hat, einige der größten Diskotheken der Welt hier beheimatet sind und auch Freunde uriger Kneipen auf ihre Kosten kommen. Wer auf feinsinnige Künste Wert legt, sollte einen Abend beim klassischen Thai-Tanz erleben.

Bamboo Bar

▸ Klappe hinten, südl. f 6

Jazzmusiker der absoluten Weltklasse treten regelmäßig in der eleganten Bar des legendären Oriental Hotel am Chao Phraya (▸ S. 43) auf.
Oriental Lane

Bed Supperclub

▸ Klappe hinten, östl. f 5

Sehr populäre Mischung aus Bar, Restaurant und Club. Aufwendiges Design und schicke Inneneinrichtung.
26 Sukhumvit Soi 11

Brown Sugar

▸ Klappe hinten, östl. f 6

Bei angenehmer Atmosphäre treffen sich Einheimische und Touristen bei kleinen Snacks und guter Livemusik.
231/20 Soi Sarasin, Ratchadamri Rd.

Mystique ▸ Klappe hinten, östl. f 6

Neue Indisco mit Hip-Hop- und Technomusik. Aber auch die Freunde von Latino-Rhythmen kommen auf ihre Kosten. Das alles findet auf einer Terrasse im Freien statt.
71/8 Soi 31, Thanon Sukhumvit

Royal City Avenue, RCA 1

▸ Klappe hinten, östl. f 1

Mehrere tausend vergnügungssüchtiger junger Bangkoker tummeln sich jedes Wochenende in den Bars und Diskotheken dieser Amüsiermeile in der Thanon Rama IX.

Sala Rim Naam ★

▸ Klappe hinten, südl. f 6

Der klassische Thai-Tanz mit seinen grazilen Tänzerinnen in wunderschönen Kostümen erfreut sich gerade bei westlichen Touristen großer Beliebtheit. Diese Nachfrage aufgreifend, hat sich eine Reihe von Restaurants darauf spezialisiert, Tanzvorführungen in Kombination mit einem reichhaltigen Menü anzubieten. Zwar ist das Vergnügen mit Preisen von 350 bis 800 Baht nicht billig, doch fast alle Touristen sind von den Vorführungen begeistert.

Die beste, aber mit 750 Baht teuerste Adresse ist das Sala Rim Naam. Gegenüber vom Oriental Hotel • Tel. 2 34 99 20 • Beginn der Vorführung um 21 Uhr

Saxophone Pub & Restaurant

▶ Klappe hinten, östl. f 1

Eine Bangkoker Institution direkt am Victory Monument. Wechselnde Livebands, die Jazz, Blues und Oldies spielen. Restaurant im Erdgeschoss. 3/8 Thanon Phayathai • www. saxophonepub.com

The Club

▶ Klappe hinten, südöstl. f 6

»Nur« 800 Besucher finden in dieser für Bangkoker Verhältnisse kleinen Disco Platz, wobei Transvestiten und Schwule mindestens die Hälfte des Publikums stellen. 90–96 Silom Rd. (hinter Patpong 2) • Eintritt Mo–Fr 180, Sa, So 300 Baht (2 Drinks frei)

SERVICE

AUSKUNFT

TAT

▶ Klappe hinten, e 2

1600 New Phetburi Road, Makkasan, Rajatevee • Tel. 02/22 50 55 00 • www.tourismthailand.org

MEDIZINISCHE VERSORGUNG

Bangkok Adventist Hospital

▶ Klappe hinten, östl. f 2

430 Phitsanulok Rd. • Tel. 02/ 2 81 14 2

Ziele in der Umgebung

◎ Crocodile Farm ♟♟

▶ S. 145, D 12

Die Krokodilfarm ist mit über 30 000 Exemplaren die weltweit größte ihrer Art. Das ursprüngliche Anliegen bei der Eröffnung der Farm war so paradox wie schlüssig: Einerseits wollte man die arg gefährdeten Reptilien vor dem Aussterben bewahren, andererseits ihnen das Fell über die Ohren ziehen, um daraus Handtaschen, Gürtel etc. herzustellen. Als dritte lukrative Einnahmequelle kam schließlich der Tourismus hinzu, wobei die Hauptattraktion jene Show ist, bei der ein Dompteur seinen Kopf in das Maul eines Krokodils hält. Wenn man weiß, wie viele tausend Male das offensichtlich wohlgenährte und gelangweilte Reptil die Prozedur schon über sich hat ergehen lassen müssen, verliert das Schauspiel allerdings viel von seinem Kitzel und seiner Faszination. Samut Prakan Bangkok • tgl. 7–16 Uhr • Eintritt 300 Baht, Kinder 200 Baht 30 km südöstl. von Bangkok

◎ Damnoen Saduak (Schwimmender Markt)

▶ S. 144, C 12

Die einstmals berühmten Schwimmenden Märkte Bangkoks haben mit dem Zuschütten der allermeisten Kanäle und der zunehmenden Bedeutung des Autoverkehrs ihre ursprüngliche Funktion fast vollständig verloren. Einzig in dem Dorf Damnoen Saduak sind noch jene malerischen Szenen zu beobachten, die einst das Bild vom »Venedig des Ostens« geprägt haben. Wenn die alten Marktfrauen mit ihren charakteristischen Strohhüten in ihren mit Obst, Gemüse und Blumen voll bepackten Booten durch die Klongs fahren, um ihre Waren feilzubieten, klicken die Kameras unaufhörlich. Um dieses beeindruckende Schauspiel zu erleben, muss man schon früh von Bangkok aus starten, da das bunte Markttreiben bereits gegen neun Uhr seinen geschäftigen Höhepunkt erreicht. Doch selbst zu jener frühen Stunde muss man die heiß begehrten Aussichtspunkte mit Hunderten anderer Touristen und Souvenirhändlern teilen.

100 km südl. von Bangkok

◎ Nakhon Pathom

▸ S. 144, C 12

50 000 Einwohner

Hauptattraktion dieser Stadt westlich von Bangkok ist der 127 m hohe Phra Pathom Chedi. Erbaut wurde der Riesenchedi im Jahr 1860 von König Mongkut. Ein riesiger Buddha empfängt die Besucher am Hauptzugang, von wo der Weg zu einem großen, um das Heiligtum herumlaufenden Wandelgang führt.

56 km westl. von Bangkok

Ayutthaya   ▸ S. 145, D 11

65 000 Einwohner

Am 7. April 1767 – jedes thailändische Schulkind kennt dieses schwärzeste Datum der Geschichte des Landes – wurde das seit über 400 Jahren als Hauptstadt dienende Ayutthaya nach 14-monatiger Belagerung von den Burmesen in Schutt und Asche gelegt. Glaubt man auch nur einem Bruchteil der schwärmerischen Reisebeschreibungen europäischer Besucher, die Ayutthaya zu seiner Blütezeit im 17. und 18. Jh. erlebten, so wird man nachvollziehen können, warum die Thais diesen Verlust bis heute nicht verschmerzt haben. Einhellig wird vom unvorstellbaren Glanz der zu jener Zeit prächtigsten Stadt Südostasiens geschwärmt. Neben den außen wie innen mit unermesslichen Schätzen geschmückten Tempeln, Palästen und Villen zeigten sich die Europäer besonders von der friedvollen Atmosphäre des Ortes angetan. Hierzu trug neben dem Buddhismus vor allem die Tatsache bei, dass praktisch der gesamte Warenverkehr mittels eines eng geknüpften Kanalsystems abgewickelt wurde. Wer jedoch heute Glanz und Glitzer wie etwa beim Wat Phra Keo erwartet, wird enttäuscht sein. Die Burmesen waren allzu gründlich in ihrem Zerstörungswerk, und das, was übrig blieb, wurde vom Dschungel vereinnahmt. Zwar wurden 1956 bei umfangreichen Restaurationsarbeiten viele Gebäude originalgetreu wieder aufgebaut, doch der eigentliche Charme Ayutthayas erklärt sich eher aus einer tragischen Stille, die über den Ausgrabungsstätten zu liegen scheint. Darüber hinaus bietet sich die reizvolle Umgebung für erholsame Spaziergänge an.

SEHENSWERTES

Vihara Phra Mongkhon Bophit

Sehr schön restauriert wurde der neben dem Wat Phra Si Sanphet gelegene Vihara Phra Mongkol Bophit, der eine der größten bronzenen Buddhafiguren Thailands überdacht. Wie die stets von tiefer Einkehr gezeichneten Gesichter der Einheimischen bezeugen, genießt die Buddhastatue bei den Thais großes Ansehen. Im Inneren sind interessante historische Aufnahmen europäischer Besucher »hoch zu Elefant« Ende des 19. Jh. zu bewundern.

Wat Mahathat

In eine Art thailändisches Pompeji zurück versetzt fühlt man sich auch auf dem weitläufigen Gelände des von verfallenen Statuen gezeichneten Wat Mahathat. Bei Renovierungsarbeiten stieß man hier zufällig auf eine vergrabene Schatzkiste, die Gegenstände von unermesslichem Wert beinhaltete. Darunter befanden sich auch eine in einer goldenen Urne versteckte Buddhastatue sowie andere Kunstschätze aus Gold, die mit Rubinen und Kristallen geschmückt waren. Diese Objekte sind heute im Nationalmuseum von Bangkok zu bewundern.

Wat Phra Si Sanphet

Die drei im ceylonesischen Stil majestätisch aus der Ebene aufragenden Chedis, sind Teil des Wat Phra Si San Phet. Diese unmittelbar an den ehemaligen Königspalast angrenzende größte und schönste Tempelanlage war für Ayutthaya von gleicher Bedeutung wie heute der Wat Phra Keo für Bangkok. Da sie ähnlich wie dieser in erster Linie dem König und Hofadel zur Abhaltung bedeutender Staatszeremonien diente, fehlt hier auch das sonst für Tempelanlagen obligatorische Kloster. Beim Durchwandern der Ruinenfelder stößt man unvermittelt auf halb unter Baumstämmen begrabene Buddhastatuen oder eine von Pflanzen umrankte kleine Stupa.

MUSEEN

Ayutthaya Historical Study Centre

Das hochmoderne Museum lässt anhand von Videovorführungen, interaktiven Shows, Modellen und originalgetreu wieder aufgebauten Wohnhäusern die Zeit von Ayutthayas goldenen Hauptstadtzeiten wieder aufleben.
Thanon Rotchana • Mo–Fr 9–16.30, Sa, So, feiertags 9–17 Uhr • Eintritt 100 Baht, Studenten 50 Baht

ÜBERNACHTEN

River View Place Hotel

Ayutthayas Top-Hotel • Das pittoresk an einer Biegung des Chao Phraya-Flusses gelegene Hotel ist mit seinen großzügig eingerichteten Zimmern, mehreren Restaurants, Pool und Spa die mit Abstand beste Unterkunft der Stadt.
35/5 Thanon U Thong • Tel. 0 35 24/ 14 44 • www.riverviewplace.com • 310 Zimmer • €€€€

Ayothaya Riverside Hotel

Gutes Preis-Leistungs-Verhältnis • Das beste Mittelklasse-Hotel der Stadt zeichnet sich durch frisch renovierte Zimmer, den freundlichen Service des Personals und ein auf dem Pasak-Fluss schipperndes »Floating Restaurant« aus.
Thanon Rotchana • Tel. 0 35 24/ 48 73 • www.ayothayariverside hotel.com • 103 Zimmer • €€

ESSEN UND TRINKEN

Malakor

Stilvoll • Dieses Lokal ist die beste Adresse für authentisch thailändische Küche und bietet gemütliche Atmosphäre und besonders abends einen tollen Blick auf den dann angestrahlten Wat Ratburana.
Th. Chee Kun • €€

Phae Krung Khao

Floating Restaurant • Die einheimischen und chinesischen Gerichte sind gut, aber nicht außergewöhnlich. Dennoch handelt es sich um eine der besten Ausgehadressen Ayutthayas, weil man nirgendwo so romantisch zu Abend essen kann wie auf diesem »Floating Restaurant« bei Kerzenlicht.
4 Moo 2 • Tel. 0 35 25/18 07 • €

Ruinen einer grandiosen Vergangenheit: Der Wat Mahathat (▶ S. 49) in Ayutthaya erzählt von der bedeutendsten Epoche thailändischer Geschichte.

EINKAUFEN

Bangsai Arts and Crafts Centre

Das Bangsai Arts and Crafts Centre in Ayutthaya steht unter der Schirmherrschaft von Königin Sirikit und bietet Bauern die Möglichkeit, sich durch eine Ausbildung im traditionellen Kunsthandwerk eine zweite Erwerbsquelle aufzubauen. Neben dem Ausbildungsprogramm werden im Zentrum auch spezielle Besucherprogramme angeboten und in zwei Geschäften die äußerst stilvollen Körbe, Töpferwaren, Holzschnitzereien, Schmuck und Textilien zum Kauf angeboten.
Di–So 8.30–16 Uhr • Eintritt 100 Baht, Kinder 20 Baht

SERVICE

AUSKUNFT
TAT
108/22 Thanon Si Sanphet •
Tel. 0 35 24/60 76

VERKEHR

Die Fahrpreise, die Sammeltaxis für jede Entfernung innerhalb der Stadt verlangen, sollten um die 30 Baht nicht übersteigen. Umweltfreundlicher, außerdem friedvoller und individueller bewegt man sich mit den bei fast allen Unterkünften auszuleihenden Fahrrädern fort (die Tagesmiete beträgt 30-50 Baht).

Ziel in der Umgebung

Bang Pa-In   ▶ S. 145, D 11

Wer noch Zeit und Energie hat, der sollte sich den ehemaligen Sommerpalast der Könige von Ayutthaya in Bang Pa-In nicht entgehen lassen. Die in einer gepflegten Parklandschaft mit Seerosenteichen, Wasserläufen und schattenspendenden Bäumen gelegenen Gebäude strahlen einen seltsamen Charme aus. Alle heute zu sehenden Bauten stammen aus der Regierungszeit König

Chulalongkorns (1868–1910), der während seiner Europareisen viele Ideen zur Modernisierung des Landes aufgriff. Dies zeigt sich auch in der Architektur Bang Pa-Ins. Der anmutigste Bau ist der Aisawan-Thi-Phraya-At-Pavillon, der auf einer von schlanken Säulen getragenen Marmorplattform inmitten eines Teiches steht. Ein weiteres recht unscheinbares Denkmal erinnert an einen Schiffsunfall, der im Jahr 1888 stattfand und bei dem eine Prinzessin im Menam Chao Phraya mit ihren drei Kindern ertrank. Keiner der Untertanen wagte es, Hilfe zu leisten, da es strengstens verboten war, königliche Personen zu berühren. Inmitten einer Insel außerhalb der Parkmauern gründete König Chulalongkorn ein Kloster, welches mit seinem neugotischen Stil wie ein Kuriosum anmutet.

13 km südöstl. von Ayutthaya

Kanchanaburi ▶ S. 144, C 11

40 000 Einwohner

Die trotz ihrer traurigen Vergangenheit friedliche Provinzhauptstadt strahlt eine freundliche Atmosphäre aus, bietet eine hervorragende Auswahl an touristischen Einrichtungen und ist mit ihrer hübschen, von tropischer Natur geprägten Umgebung und frischen Luft eine ideale Alternative zum hektischen Bangkok. Einem äußerst tragischen Ereignis verdankt die 130 km nordwestlich von Bangkok gelegene Provinzhauptstadt ihre Berühmtheit. Von Kanchanaburi aus wollten die japanischen Besatzer während des Zweiten Weltkriegs in kürzester Zeit ohne Rücksicht auf Verluste eine Eisenbahnlinie nach Burma errichten. Beim Bau der »Todesbahn« starben 16 000 alliierte Kriegsgefangene und die unvorstellbare Zahl von über 50 000 asiatischen Zwangsarbeitern.

Mahnmal der Geschichte: Die heutige Brücke am Kwai (▶ S. 53) ist nicht das Original, sondern ein von den Japanern als Kriegsentschädigung errichteter Neubau.

Die meisten von ihnen wurden durch Unterernährung, Erschöpfung, Malaria und Cholera dahingerafft.

Pierre Boulles weltberühmter Roman »Die Brücke am Kwai« wurde 1957 mit Alec Guinness in der Hauptrolle verfilmt. Der Film wurde ein weltweiter Erfolg und mit sieben Oscars ausgezeichnet.

Die originale Brücke über den Kwai-Fluss wurde 1945 von den Amerikanern zerstört und später wieder aufgebaut – sinnigerweise von den Japanern. Heute ist sie eine viel besuchte Touristenattraktion.

SEHENSWERTES
River Kwai-Brücke

Etwas salopp formuliert könnte man sagen, dass die vermeintliche Hauptattraktion Kanchanaburis so etwas wie eine doppelte Mogelpackung ist. Bei der heutigen Brücke handelt es sich nämlich weder um die unter unsagbaren Opfern erbaute Originalbrücke noch die durch den Film weltweite Berühmtheit erlangte Attrappe. Vielmehr ist es jene von den Japanern als Kriegsentschädigung unmittelbar nach dem Ende des 2. Weltkriegs errichtete Brücke, die jedes Jahr Zigtausende von Touristen anzieht. Die spärlichen Überreste der 35 m hohen und 130 m langen aus 1300 Bambusstämmen erbauten Originalbrücke ragen zur Trockenzeit aus dem Khwae Yai-Fluss. Interessante historische Relikte der damaligen Zeit sind die nahe der Brücke ausgestellten Originallokomotiven, die zur Zeit des 2. Weltkriegs über die Bambusstämme ratterten. Mit der seit 1971 wieder verkehrenden Eisenbahn kann man nicht nur die Brücke selbst überqueren, sondern die landschaftlich wie historisch sehr reizvolle und interessante 77 km lange Fahrt bis zum Endpunkt Nam Tok, ganz in der Nähe des benachbarten Myanmar (Burma) zurücklegen. Entlang des Weges fährt man zum Teil auf dem Wang Po-Viadukt, einer Holzkonstruktion, die der Originalbrücke wesentlich ähnlicher ist als die heutige Brücke. Um den historischen Hintergrund der recht unscheinbaren Brücke zu verstehen, empfiehlt es sich, zunächst das Museum in Kanchanaburi zu besuchen. Einige vom Touristenamt durchgeführte Veranstaltungen, wie das alljährlich im Dezember veranstaltete River Kwai Bridge Festival, bei dem mit einer Licht-und-Ton-Show die Tragödie hollywoodmäßig vermarktet wird, wirken dagegen fast peinlich.

MUSEEN
JEATH War Museum

Einen ebenso realistischen wie erschütternden Eindruck vom damaligen Geschehen vermittelt das JEATH-Kriegsmuseum. Bei dem Museum handelt es um die Rekonstruktion jener langgezogenen Baracken, in denen Tausende von alliierten Kriegsgefangenen zusammengepfercht waren. Der ungewöhnliche Name setzt sich auch den Anfangsbuchstaben der Nationen (Japan, England, Australien, Thailand und Holland) zusammen, welche in den Konflikt am meisten involviert waren. Insgesamt wurden 30 000 englische, 18 000 holländische und 13 000 australische Kriegsgefangene zum Bau der Bahnlinie zwangsverpflichtet worden. Historische Aufnahmen, Karten, Waffen und Zeichnungen legen bewegtes Zeugnis ab von den erschütternden

Verbrechen am Ende des 2. Weltkriegs. Einen Besuch lohnen auch zwei Kriegsfriedhöfe, auf denen insgesamt über 8 500 Opfer der Todesbahn beigesetzt sind.

Saeng Chuto Rd. • tgl. 8.30–18 Uhr • Eintritt 30 Baht

ÜBERNACHTEN

Felix River Kwai Resort

Viel fürs Geld • Das in der Nähe der Kwai-Brücke gelegene Hotel bietet ein gutes Preis-Leistungs-Verhältnis.

9/1 Moo 3 Thamakham, Muang • Tel. 0 34 51/50 61 • www.felixriver kwai.co.th • 226 Zimmer • €€€

Royal River Kwai Resort

Tropische Gartenanlage • Stilistisch und architektonisch äußerst gelungene Hotelanlage mit individuellen Bungalows in einer Gartenanlage.

88 Kanchanaburi-Saiyok Rd. • Tel. 0 34 65/32 97 • www.royalriver kwairesort.com • 66 Zimmer • €€€

ESSEN UND TRINKEN

Keeree Tara

Beste Thaiküche • Ausgezeichnete und optisch sehr einfallsreich dargebotene Thaigerichte am Kwai-Fluss in unmittelbarer Nähe zur Brücke. €€

SERVICE

AUSKUNFT

TAT

Thanon Saengchuto • Tel. 0 34 51/ 12 00

VERKEHR

Entlang der durch die gesamte Stadt parallel zum Fluss verlaufenden Thanon Saengchuto fahren ständig Sammeltaxis. Preis je nach Länge der Fahrt 10–30 Baht.

Sukhothai ⭐ ► S. 141, D 4

30 000 Einwohner

Detailkarte ► S. 55

»Glückliches Sukhothai! Im Wasser gibt es genügend Fische, auf den Feldern wächst Reis. Der König erhebt keine Steuern von seinem Volk … Die Gesichter der Menschen strahlen hell.« Mehr als sieben Jahrhunderte ist es her, dass diese Lobeshymne in eine Steinstele gehauen wurde. Doch noch heute gelten vielen Thais jene 120 Jahre, in denen Sukhothai die erste Hauptstadt des Landes war, als die friedlichste und sorgenfreieste Epoche der gesamten thailändischen Geschichte. Dies gilt insbesondere für die Regierungszeit König Ram Kamhaengs (1279–1299), der nicht nur die Einflusssphäre des jungen Staates erweiterte, sondern mit der Einführung des Theravada-Buddhismus und der Entwicklung der bis heute verwendeten Thai-Schrift die Grundlagen für die Kultur des Landes schuf. Bereits unter seinem Nachfolger begann der Stern Sukhothais wieder zu sinken; 1376 musste es die Oberherrschaft Ayutthayas anerkennen.

Heute gilt der stilvoll wieder hergerichtete historische Park als eine der schönsten Sehenswürdigkeiten Südostasiens. Beim Durchwandern der in einem Umkreis von etwa 5 km verstreuten Heiligtümer stößt man immer wieder auf von Pflanzen umrankte Buddhastatuen und halb versunkene Stupas. Man sollte das Terrain entweder zu Fuß oder mit einem der am Parkeingang verliehenen Fahrräder besichtigen. Das Ticket für alle Sehenswürdigkeiten (inkl. Museum) kostet 350 Baht. Besonders stimmungsvoll ist ein Besuch der Tempel nach Sonnenuntergang.

SEHENSWERTES

Wat Mahathat ▸ S. 55, b 2

Im 13. Jh. gegründet und im 14. Jh. neu erbaut, war der Königswat einst geistlicher Mittelpunkt des Reiches. Von den ursprünglich nahezu 200 Gebäuden im Zentrum des historischen Parks sind wenige erhalten, doch vermitteln diese einen Eindruck von der ehemaligen Bedeutung des Heiligtums.

Wat Si Chum ▸ S. 55, b 1

Die etwas außerhalb der alten Stadtmauern platzierte, größte sitzende Buddhastatue Thailands misst imposante 15 m und dient als beliebtes Fotomotiv vieler Touristen. Die restaurierte Figur, Phra Buddha Achana, soll in der 2. Hälfte des 14. Jh. erbaut worden sein.

Wat Si Sawai ▸ S. 55, b 2

Diese ursprünglich von einem Wassergraben umgebene Tempelanlage wurde bereits vor der Gründung Sukhothais erbaut und diente zunächst als hinduistisches Heiligtum. Auch heute noch ist erkennbar, dass die buddhistischen Thais das Bauwerk später ihren Architekturvorstellungen anpassten, wobei nicht mehr Laterit, sondern Ziegelstein als Baumaterial Verwendung fand.

Wat Sra Sri ▸ S. 55, b 1

Sehr pittoresk auf einer kleinen Insel, die über eine Holzbrücke zugänglich ist, liegen die Ruinen des Wat Sra Sri. Vor dem Hintergrund eines Chedi im ceylonesischen Stil und eingerahmt von Lateritsäulen sitzt eine schön restaurierte Buddhastatue. Besondere Beachtung verdient die Statue eines schreitenden Buddhas. Das Original ist im Nationalmuseum von Bangkok ausgestellt.

MUSEEN

Ram Kamhaeng Museum
▸ S. 55, b/c 2

Die insgesamt mehr als 1800 Objekte dieses 1964 eröffneten Museums geben einen hervorragenden Überblick über den Sukhothai-Stil. Gezeigt werden beispielsweise hervorragende Buddhabildnisse in Stein und Bronze sowie Stuckarbeiten und

Keramiken aus Sukhothai, Si Satchanalai und Kamphaeng Phet, den drei wichtigsten Städten des ersten Thai-Reiches. Interessant sind auch die historischen Aufnahmen an den Wänden des Museums.

Tgl. 8–16.30 Uhr • www.thailand museum.com • Eintritt 150 Baht

ÜBERNACHTEN

Sukhothai Heritage Resort
▸ S. 55, nördl. b 1

Bestes Hotel der Stadt • Architektonisch äußerst gelungene Hotelanlage inmitten einer friedlichen, von Lotosteichen durchsetzten Gartenanlage.

999 Mooo 2 T. Klongprajong • Tel. 0 55/64 75 67 • www.sukhothai heritage.com • 68 Zimmer • €€€€

Orchid Hibiscus Guest House
▸ S. 55, d 2

Stilvoll und zentral • Hübsche, friedvolle Anlage, die nur 1 km vom historischen Park entfernt liegt.

407/2 Rte 1271 • Tel. 055/63 32 84 • 8 Zimmer • €€€

ESSEN UND TRINKEN

Kru lew
▸ S. 55, südl. b 1

Original Thai-Küche • Freunde der authentischen thailändischen Küche werden in diesem Restaurant, das auch bei Einheimischen sehr beliebt ist, voll auf ihre Kosten kommen.

Soi Mahasaranon 1 • Tel. 0 55/ 61 27 10 • €€

Sukothai Suki-Koka
▸ S. 55, südöstl. c 2

Für jeden Geschmack etwas • Neben einer großen Auswahl an Gerichten aus der einheimischen Küche werden auch Sandwiches und Nudelgerichte serviert.

Thanon Singhawat • €€

Dream Café
▸ S. 55, östl. c 2

Gemütlich • Hübsches altes, mit schönen Antiquitäten stilvoll dekoriertes Teakhaus. Man serviert Thaiund westliche Küche in angenehmer Atmosphäre.

Singhawat Rd. • €

Night Market
▸ S. 55, östl. c 2

Günstig speisen • Mehrere kleine Essensstände bieten im Stadtzentrum von Sukothai leckere Gerichte zu kleinen Preisen an. Bei Westlern besonders beliebt sind die Muschelomeletts und Fried Rice.

€

Rainbow Restaurant & Ice Cream
▸ S. 55, östl. c 2

Zu jeder Tageszeit • Bunte Mischung aus Thai-Küche, westlichen Gerichten und leckeren Nachspeisen. Sehr gutes europäisches Frühstück.

Singhawat Rd. • €

Ziele in der Umgebung
◎ **Kamphaeng Phet**
▸ S. 144, C 9

27 000 Einwohner

Die von einer zum Teil restaurierten Befestigungsmauer umgebene Stadt wurde im Jahr 1347 gegründet und diente den Herrschern von Sukothai und Ayutthaya über viele Jahrhunderte als Garnisonsstadt. Ähnlich wie in Sukhothai sind auch hier die bedeutendsten Bauwerke in einem historischen Park zu besichtigen. Speziell die Tempelanlagen des Wat Phra That und des Wat Phra Kaew lassen auch heute noch die ehemalige Größe Kamphaeng Phets erahnen. Besuchenswert ist auch das Nationalmuseum mit interessanten Ausgrabungsfunden.

60 km südwestl. von Sukhothai

Der Wat Mahathat (▶ S. 55) mit herrlichem Seerosenteich erzählt von der friedvollen Vergangenheit der einstigen Hauptstadt Sukhothai.

◎ Phitsanulok ▶ S. 141, D 4

80 000 Einwohner

Die am Zusammenfluss der beiden Flüsse Nan und Kwai Noi gelegene Stadt ist an und für sich wenig ansehnlich, da sie Anfang des 20. Jh. bei einem Großbrand fast vollständig zerstört wurde. Warum die Stadt dennoch unbedingt einen Besuch wert ist, liegt an der im Hauptkloster beheimateten goldenen Buddhastatue »Chinnarat«, die als die schönste ganz Thailands gilt. Kopien der über 500 Jahre alten Buddhastatue aus vergoldeter Bronze finden sich zu Tausenden im ganzen Land. Nachdem man den Tempel besichtigt hat, empfiehlt sich ein Spaziergang am Ufer des Nan-Flusses, wo Tausende von Menschen auf Hausbooten wohnen. Auch der allabendliche Nachtmarkt lohnt einen Besuch. Ein Folkloremuseum und eine Fabrik, in der Buddhastatuen hergestellt werden, sind ebenfalls schöne Besichtigungsziele.

Ca. 35 km östl. von Sukhothai

◎ Si Satchanalai ▶ S. 141, D 4

Heute eine verschlafene Kleinstadt, war das in landschaftlich schöner Umgebung gelegene Si Satchanalai im 13. und 14. Jh. die Schwesterstadt Sukhothais und zugleich Sitz des damaligen Vizekönigs. Auch hier wurden die verbliebenen Überreste der Stadt in einem historischen Park restauriert, der unbedingt einen Besuch wert ist. Besonders beeindruckend ist der mit 39 Gipselefanten verzierte Wat Chang Lom. Wie der Name »Wat mit sieben Reihen Chedis« besagt, besteht die gegenüberliegende Anlage des Wat Phra Chat Thaew aus sieben Chedis, die die Asche der Vizekönige von Sukhothai beherbergen sollen.

60 km nördl. von Sukhothai

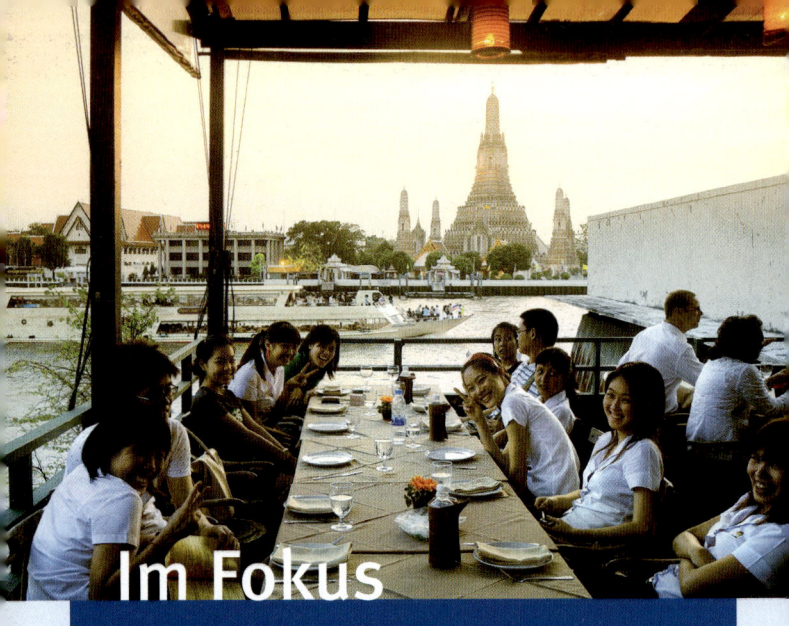

Im Fokus

Sabai, Sanuk, Suay
Die drei Grundpfeiler der thailändischen Lebensphilosophie bilden das Geheimnis des »Thai way of life«.

»Das Land des Lächelns« – kein anderes Klischee ist in der Vergangenheit häufiger strapaziert worden, um das scheinbar so sorglose Lebensgefühl der Thais zu beschreiben. Doch was steckt hinter diesem gerade für den von Alltagssorgen geplagten Mitteleuropäer so anziehenden Slogan? Was ist das Geheimnis hinter dem Land des Lächelns? »Der Lebensstil der Thai ist geschmackvoll, verwöhnt von einer gütigen, schwelgenden Natur, geprägt von anpassungsfähigen moralischen Werten und einer heiteren Gelassenheit gegenüber den Problemen des Lebens ... Für einen Thai besteht das Leben im Grunde in einer einzigen langen Entspannungsphase.«

Wie dieses Zitat des ehemaligen thailändischen Premierministers Kukrit Samoj verdeutlicht, sind sich die Thais ihres speziellen »Thai way of life« durchaus bewusst. Bei aller in den letzten Jahrzehnten Land und Leute verändernden Modernisierung legen sie doch größten Wert auf die Bewahrung ihres »Thai way Of Life.«

Die drei Kernbegriffe

Das Geheimnis dieses leichten, vergnüglichen, sorglosen Lebens im Hier und Jetzt öffnet sich bei der Analyse von drei Kernbegriffen der thailändischen Sprache: Sabai, Sanuk und Suay. Sie bilden die Grundpfeiler der thailändischen Lebensphilosophie.

◄ Geselligkeit und gutes Essen bedeuten »Sanuk« (► S. 58), Lebensfreude.

Der Begriff »Sabai« steht für angenehm, gemütlich oder bequem. Das ganze Leben sollte Sabai sein. So stellt man zur Begrüßung denn auch gar nicht erst die im Westen geläufige Frage »Wie geht's?«, könnte dies doch eine negative Antwort zur Folge haben. Stattdessen heißt es »Du fühlst dich doch wohl, oder?« (»Sabai dii ru«), worauf die Antwort immer »sabai dii« (»wohlfühlen-gut«) lautet. Noch anziehender wirkt diese Umgangsform durch die bei aller Freundlichkeit stets bewahrte Rücksichtsnahme auf die Privatsphäre des anderen. Beispielhaft hierfür steht der thailändische Gruß – der »Wai«. Bei dieser sehr anmutigen Geste werden die Handflächen wie zum Gebet vor der Brust zusammengelegt und der Kopf geneigt.

»Sanuk« bedeutet Spaß haben. Alles, was man tun kann, wird danach beurteilt, ob es Spaß bringt. Ganz oben auf der »Sanuk-Skala« ist Essen angesiedelt. Je mehr Leute daran teilnehmen, desto mehr »Sanuk« ist es. Thai denken permanent ans Essen. Gleich danach kommt Shopping. Einkaufen erfüllt wie Essen alle Wohlfühlfaktoren. Viel Spaß und leichte Unterhaltung verspricht auch das Fernsehen. Dementsprechend läuft der Fernseher in den meisten Haushalten auch von morgens bis abends. Am liebsten mögen Thai endlose Seifenopern. Lehrreiche und interessante wissenschaftliche oder kulturelle Programme finden dagegen nur eine kleine Zuschauerschaft, weil sie keinen »Sanuk« bieten. Das gleiche gilt für Lesen, Spazierengehen und tiefgründige Diskussionen. Hoch im Kurs stehen dagegen Schönheitswettbewerbe. »Suay«, das heißt »schön«, ist auf der thailändischen Werteskala ganz oben angesiedelt. Der Wunsch nach äußerer Schönheit durchzieht alle Lebensbereiche der Thais.

Harmoniesucht

Speziell Diskussionen versuchen die Thais zu vermeiden, könnten sie doch zu dem führen, wovor sich die Thais zutiefst fürchten – einem Streit. Im harmoniebedachten Thailand werden solche Situationen durch ein »mai pen arai« elegant entschärft, was soviel wie »Ich bin nicht böse« oder »Macht nichts« bedeutet. Verbunden mit einem herzlichen Lächeln ist dies die Zauberformel, um jeglichen Streit im Keime zu ersticken. Die Austragung von Konflikten, ja auch nur von Meinungsverschiedenheiten, im Westen zur Klärung von Problemen als durchaus positiv angesehen, ist in Thailand verpönt. Schließlich könnte dies am Ende zur Bloßstellung und zum Gesichtsverlust einer der Kontrahenten führen, was einer persönlichen Katastrophe gleichkäme. So dient das allgegenwärtige Lächeln oftmals zu nichts anderem, als eigene Unsicherheiten zu überspielen oder drohende Spannungen zu verhindern.

Lächeln ist eine soziale Pflicht, hinter der sich durchaus auch Spannungen und Aggressionen verbergen können. Wer einmal die in jedem Überlandbus gezeigten Gewaltvideos hat über sich ergehen lassen müssen und weiß, dass Thailand eine der höchsten Mordraten der Erde aufzuweisen hat, kann ermessen, dass das Leben der Thais grundsätzlich nicht einfacher, nicht unbeschwerter ist als das unsere. Das große Geschick der Thailänder besteht darin, Stress und Konfliktsituationen zu verwandeln.

Nordthailand

Der eigenständige Charakter dieser lange unabhängigen Region ist heute noch lebendig. Der kulturelle Reichtum und die herrliche Landschaft bezaubern Kunstinteressierte und Aktivurlauber.

◄ Hier lohnt der Blick aufs Detail: kunstvoll verzierte Schlangenköpfe am Wat Chedi Luang (► S. 62) in Chiang Mai.

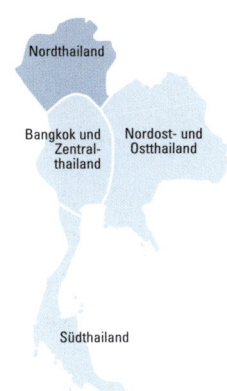

Nordthailand

Bangkok und Zentralthailand

Nordost- und Ostthailand

Südthailand

Die abwechslungsreiche Region birgt für den Touristen die unterschiedlichsten Reize. **Chiang Mai** wird trotz mancher negativen Entwicklung der letzten Jahre auch in Zukunft auf Grund seiner attraktiven Mischung aus Kultur, Unterhaltung, hervorragenden Einkaufsmöglichkeiten und der ausgezeichneten touristischen Infrastruktur die meistbesuchte Stadt des Nordens bleiben. Äußerst empfehlenswert und vom Tourismus bisher kaum berührt ist das kunsthistorisch sehr reizvolle **Lampang**. Wer eher auf Beschaulichkeit und Naturerlebnisse aus ist, wird Städte wie **Mae Hong Son, Mae Sariang** oder **Thaton** vorziehen. Die zerklüfteten, von Flüssen durchzogenen Bergtäler sind überdies ideal für jede Art von Abenteuerurlaub.

Chiang Mai   ► S. 140, C 2

180 000 Einwohner
Stadtplan ► S. 63

Die nach Bangkok zweitgrößte Stadt des Landes hat viel von ihrem ursprünglichen Charme verloren, bleibt jedoch auf Grund ihrer vielfältigen Attraktionen ein unverzichtbares Touristenziel. Bedurfte es noch bis Anfang des 20. Jh. wochenlanger Elefantenritte entlang moskitoverseuchter Dschungelpfade, um von Bangkok nach Chiang Mai, »der Hauptstadt des Nordens«, zu gelangen, so gestattet die moderne Verkehrsanbindung heute während der Hauptsaison jeden Tag Tausende von Touristen die Anfahrt in nur wenigen Stunden.

Trotz des Namens, der »Neue Stadt« bedeutet, kann Chiang Mai auf eine lange und stolze Geschichte zurückblicken. Gegründet wurde es 1296 vom legendären König Mengrai.
Tatsächlich begleitet den westlichen Besucher die lebendige Kultur der Region auf Schritt und Tritt: in den schön restaurierten Resten der alten Stadtmauer, die die quadratische Altstadt umschließt, in den vielfach deutlich burmesische Stilelemente aufweisenden über 300 Tempelanlagen der Stadt, in den unzähligen Märkten, auf denen vor allem die kunsthandwerklichen Produkte der Bergstämme feilgeboten werden, oder in den allabendlichen folkloristischen Darbietungen.
Bei aller Attraktivität der in den letzten zehn Jahren auf über eine Viertelmillion Einwohner angewachsenen Provinz mehren sich jedoch die Stimmen, die vor den negativen Auswirkungen des Schwindel erregenden Aufschwungs warnen. Tatsächlich bestimmen immer weniger die von tropischen Gärten umgebenen Teakhäuser in den verwinkelten Altstadtgassen das Bild, sondern ultramoderne Hotelneubauten und

Einkaufszentren. Die oft zitierte beschauliche Atmosphäre der Stadt ist angesichts von Motorenlärm, Abgasen und Verkehrsstaus kaum wahrzunehmen; immer öfter macht das böse Wort vom »zweiten Bangkok« die Runde. Es bleibt zu hoffen, dass die von der Landesregierung in den letzten Jahren eingeleiteten Maßnahmen – zum Beispiel wurde der Bau von Hochhäusern innerhalb der Altstadt verboten – Wirkung zeigen.

SEHENSWERTES

Wat Chedi Luang ▶ S. 63, b 3

Die weitläufige Tempelanlage wird beherrscht von der imposanten Ruine eines einst 90 m hohen Chedis, der Mitte des 16. Jh. anlässlich eines schweren Erdbebens in sich zusammenfiel. Nach umfangreichen, von der UNESCO finanzierten Restaurationsarbeiten misst das Sakralbauwerk heute wieder 60 m, wobei besonders die vier vergoldeten Buddhastatuen auffallen, die in die verschiedenen Himmelsrichtungen blicken. Von 1482 bis 1547 soll der Wat die Heimstatt des berühmten Smaragd-Buddhas gewesen sein.

Wat Phra Singh ▶ S. 63, b 3

Diese im 14. Jh. erbaute Tempelanlage wird von Kennern als eine der schönsten Thailands angesehen. Der kleine Viharn Lai Kham, im klassischen nordthailändischen Stil erbaut, beherbergt mit dem Buddha Singh eine der höchstverehrten Buddhastatuen Thailands. Ob es sich dabei jedoch um das Original handelt, ist umstritten, behaupten doch auch das Nationalmuseum in Bangkok und der Wat Mahathat in Nakhon Si Thammarat, im Besitz der echten Statue zu sein.

Wat Phra That Doi Suthep
▶ S. 63, nordwestl. a 1

Dieser unterhalb des Doi-Suthep-Gipfels (1668 m) auf einer Höhe von 1100 m gelegene Tempel ist der meistbesuchte Nordthailands. Über eine monumentale Treppe mit 290 Stufen, deren Balustraden von den sich windenden Leibern zweier bunt bemalter Nagaschlangen gebildet werden, gelangt man auf eine Tempelterrasse. An klaren Tagen lässt sich von hier ein sehr schöner Blick auf Chiang Mai genießen. Das Zentrum der Anlage bildet ein goldverzierter, 20 m hoher Chedi aus dem 16. Jh., der eine Buddhareliquie bergen soll.

MUSEEN

Chiang Mai National Museum
▶ S. 63, b 1

Dieses hervorragende Museum beherbergt im Untergeschoss eine Sammlung an Buddhabildnissen und archäologischen Funden. Im Obergeschoss finden sich u. a. Sänften und Thronsessel sowie Schmuck und Arbeitsgeräte der thailändischen Bergvölker.
Tgl. 9–16 Uhr • www.thailand
museum.com • Eintritt 100 Baht

SPAZIERGANG

Stadtplan ▶ S. 63

Früh morgens sollte man diesen Stadtrundgang beginnen, da man so den Autoverkehr und die Mittagshitze umgeht. Zudem können Frühaufsteher am Ausgangspunkt der Tour, dem **Muang Mai Market** am Ping-Fluss, nördlich der Wichayanon Rd., zusehen, wie die Bäuerinnen der Umgebung ihre Produkte auf den Großmarkt bringen. Äußerst lebhaft geht es auch im großen Gebäude des

Warorot Market an der Chang Moi Rd. zu. Ein schöner Überblick über das geschäftige Marktgeschehen bietet sich von den Galerien der oberen Etagen. Von hier aus sind es nur wenige hundert Meter zur Tapae Rd. Auf der rechten Seite markieren zwei Nagaschlangen in einer schmalen Gasse den Zugang zum **Wat Saen Fang**, einer sehr malerischen Klosteranlage, die man hinter den Geschäftshäusern leicht übersieht. Auf der gegenüberliegenden Seite, etwas zurückversetzt von der Tapae Rd., fällt der hohe Turm des **Wat Bupharam** ins Auge, in dem sich die größte aus Teakholz gefertigte Buddhastatue der Erde befindet. Wieder nur

wenige Schritte weiter Richtung Westen bewachen zwei große Löwen den Haupteingang zum **Wat Mahawan**. Die Tapae Rd. endet schließlich am hübsch restaurierten **Tapae Gate**, das den Eingang zur Altstadt bildet. Hier geben viele Cafés und Restaurants Gelegenheit, sich ein wenig vom Bummel zu erholen.
Dauer: 3 Std.

ÜBERNACHTEN
Bupatara Boutique Hotel
▶ S. 63, nördl. b 1

Zentral und doch ruhig • Ein Boutique-Hotel im besten Sinne. Die Zimmer sind äußerst geschmackvoll gestaltet. Das Hotel befindet sich inmitten einer sehr friedvollen Lage, außerdem nur einen Steinwurf vom Zentrum entfernt.
12/1 Soi 4, Phra Pokklao Road • Tel. 0 53/53 81 46 91 • www.bupatara. com • 21 Zimmer • €€€€

Mandarin Oriental Dhara Dhevi
▶ S. 63, östlich d 3

Oase der Ruhe und des Luxus • Selbst im an Luxushotels reichen Thailand ein Maßstäbe setzendes neues Resort. Eingebettet in eine friedvolle Reislandschaft, sind die luxuriösen Bungalows im Lanna-Stil errichtet. Eine Wellness-Oase der Spitzenklasse.
51/4 Chiang Mai-Sankampaeng Rd. • Tel. 0 53/ 88 88 88 • www.mandarin hotel.com • 80 Suiten, 60 Villen • €€€€

Ratchamankha
▶ S. 63, b 3

Architektonisch ambitioniert • Der neue Star unter den Luxushotels von Chiang Mai ist mit äußerst geschmackvollen Zimmern ein Hotel im Stil eines königlichen Tempels.
6 Thanon Ratchamankha • Tel. 0 53/ 90 41 11 • www.rachamanka.com • 24 Zimmer • €€€€

Betende im Wat Phra That Doi Suthep (▶ S. 62), dem 1383 erbauten Tempel auf 1100 m Höhe. Von der Plattform hat man einen herrlichen Ausblick über Chiang Mai.

River View Lodge ▶ S. 63, c 3

Hervorragend • Wegen seiner ruhigen Lage mitten im Stadtzentrum sowie seiner günstigen Preise eine der empfehlenswertesten Unterkünfte der Stadt.
25 Thanon Charoen Prathet, Soi 2 • Tel. 0 53/27 11 09 • www.riverview lodge.com • 35 Zimmer • €€

Gap's Guesthouse ▶ S. 63, c 3

Günstig und gut • Von den vielen Gästehäusern in der Altstadt eines der schönsten.
3 Ratchadamnoen Rd., Soi 4 • Tel. 053/27 81 40 • 18 Zimmer • €

ESSEN UND TRINKEN

Sala Mae Rim ▶ S. 63, nördl. b 1

Exklusiv • Das im noblen Four Seasons Resort untergebrachte Restaurant Sala Mae Rim zählt zu den Topadressen in Chiang Mai. Neben dem luxuriösen Ambiente mit Blick auf Reisfelder und Berge besticht es durch exquisite Thai-Gerichte und eine umfangreiche Weinkarte.
Mae Rim-Samoeng Old Road (im Four Seasons Resort) • Tel. 0 53/29 81 81 • €€€€

Giorgio Italian Restaurant ▶ S. 63, c 3

Italiener vom Feinsten • Klassisches italienisches Restaurant mit vorzüglichen Nudelgerichten und ausgezeichneten Salaten.
2/6 Th Prachasamphan • Tel. 0 53/81 82 36 • €€€

Tha Nam ▶ S. 63, d 3

Thai mit Aussicht • Exzellente thailändische Gerichte in romantischer Lage und mit schönem Blick auf den Ping-Fluss.
43/3 Moo 2 • Tel. 0 53/28 29 88 • €€

MERIAN-Tipp **4**

TAMARIND VILLAGE
▶ S. 63, b 3

Ideale Lage mitten in der Altstadt von Chiang Mai, dazu äußerst ruhig, von angenehmer Größe und zudem architektonisch sehr gelungen – absolut empfehlenswert.
Chiang Mai, 50/1 Ratchadamnoen Rd. • Tel. 0 53/41 88 98 • www.tamarindvillage.com • 40 Zimmer • €€€

Whole Earth Restaurant
▶ S. 63, c 3

Original Thai • In diesem gemütlichen Teakhaus in einem schönen Garten nimmt man das vornehmlich vegetarische Essen nach Thai-Art auf dem Boden sitzend ein.
88 Sri Donchai Rd. • Tel. 0 53/28 24 63 • €€

Aroon (Rai) Restaurant ▶ S. 63, c 3

Aus Erfahrung gut • Alteingesessenes Restaurant, das sowohl bei den Einheimischen wie auch bei den Touristen wegen der authentischen thailändischen Gerichte gleichermaßen beliebt ist.
45 Thanon Kotchasan • Tel. 0 53/27 69 47 • €

Heuan Phen ▶ S. 63, b 3

Regionale Spezialitäten • Die beste Adresse Chiang Mais für alle, die die nordthailändische Küche genießen möchten. Die schmackhaften Gerichte werden in einem sehr stilvollen, mit Antiquitäten dekorierten Ambiente serviert.
112 Thanon Ratchamankha • Tel. 0 53/27 71 03 • €

MERIAN-Tipp 5

CHIANG MAI THAI COOKERY SCHOOL ▶ S. 63, c 2

Wer im wahrsten Sinn auf den Geschmack gekommen ist und wissen möchte, wie man die köstlichen thailändischen Gerichte am heimischen Herd selbst zubereitet, der kann dies im Rahmen eines eintägigen Schnupperkurses oder eines bis zu fünf Tage dauernden Lehrgangs von profilierten Köchen direkt vor Ort lernen. Mit anschließendem Verzehr!
1–3 Moon Muang Rd. • Tel. 0 53/20 63 88 • www.thaicookeryschool.com

Mit Mai ▶ S. 63, b 3
Preiswerte Regionalküche • Ebenso preiswerte wie schmackhafte und authentische Küche Nordthailands.
42 Thanon Ratchamanka •
Tel. 0 53/27 50 33 • €

Old Chiang Mai Cultural Center ▶ S. 63, b 3
Thai-Küche trifft Thai-Kunst • Auf dem Boden sitzend wird typisch nordthailändisches Essen serviert, während auf der Bühne Tänze der Bergstämme vorgeführt werden. Eine Voranmeldung empfiehlt sich.
185/3 Thanon Wua Lai •
Tel. 0 53/27 40 93 • €

Zest Bakery & Restaurant ▶ S. 63, c 3
Frühstücks-Favorit • Guter Kaffee und hervorragende Croissants, Müslis, Joghurts und Sandwiches. Besonders bei Westlern beliebt.
2–6 Ratchadamnoen Rd. • Tel. 0 53/ 21 10 70 • €

EINKAUFEN

Chiang Mai ist neben Bangkok die Einkaufsstadt Thailands schlechthin. Nirgendwo sonst findet sich eine derartige Vielfalt an Waren. Nicht nur auf dem berühmten Nachtmarkt gilt die Devise: handeln, handeln, handeln …

Belle Thai Silk ▶ S. 63, c 3
Das Belle Thai Silk ist von den vielen Seidengeschäften Chiang Mais eines der empfehlenswertesten.
209/2 Sri Donchai Rd.

Mengrai Kilns ▶ S. 63, b 2/ 3
Hervorragende Adresse für hochwertige Keramikarbeiten.
79/2 Arak Rd., Soi 6

Night Market 6 ▶ S. 63, c 3
Jeden Abend zwischen 18 und 24 Uhr verwandelt sich die Gegend um die Chang Klan Rd. zu einem riesigen Open-Air-Markt mit Hunderten von Verkaufsständen. Die Angebotspalette reicht von billigen Imitaten bis zu hochwertigen Produkten, wobei besonders die kunsthandwerklichen Produkte der Bergstämme reißenden Absatz finden.

Sherry Silver Jewelry ▶ S. 63, c 3
Hier gibt es Silber und Juwelen in großer Auswahl.
59/2 Loi Khro Rd.

Sop Moei Arts
▶ grüner reisen, S. 19

Suriwong Book Centre ▶ S. 63, c 3
Der gut sortierte Buchladen bietet eine große Auswahl an Literatur zur Kunst und Kultur Thailands sowie hervorragende Bildbände.
54/1–5 Sri Donchai Rd.

The Lost Heavens　▶ S. 63, c 3

Die beste Adresse für hochwertiges Kunsthandwerk aus Südostasien.
234 Thanon Tha Phae • Tel. 0 53/ 2 51 55

AM ABEND
Baritone Pub & Restaurant
　　　　　　　　▶ S. 63, a 1/b 2
Jeden Abend gute Jazzmusik, oft von ausländischen Bands dargeboten.
46 Huai Kaeo Rd.

Bubble　　　　　▶ S. 63, c 3
Bekannte Disco mit westlicher Musik und ausgeklügelter Lasershow.
Porn Ping Hotel, 46–48 Charoen Prathet Rd.

Riverside Bar & Restaurant
　　　　　　　　▶ S. 63, d 2
Seit Jahren bei Einheimischen wie Touristen gleichermaßen populäre Mischung aus Bar und Restaurant, in einem Holzbungalow direkt am Ping-Fluss untergebracht. Mit allabendlichen Livebands.
9–11 Thanon Charoenrat

The Level　　　▶ S. 63, a/b 2
Großes Unterhaltungszentrum, das sich auf mehreren Etagen erstreckt: es gibt u. a eine Disco, Bar, Galerie und ein Restaurant.
96/17 Huai Kaeo Rd.

SERVICE
AUSKUNFT
TAT　　　　　　▶ S. 63, d 3
Eines der auskunftsfreudigsten Touristenämter ganz Thailands.
105/1 Chiang Mai-Lamphun Rd. • Tel. 0 53/24 86 04

MEDIZINISCHE VERSORGUNG
Ram Hospital　　▶ S. 63, b 2
8 Thanon Boonruangrit • Tel. 0 53/ 22 48 61

Unzählige Marktstände und Heerscharen von Straßenhändlern wetteifern um Kundschaft: Chiang Mais Night Market (▶ S. 66) bietet ein reiches Warenangebot.

Ziele in der Umgebung
◎ **Goldenes Dreieck**

▶ S. 141, D 1

Der Name »Goldenes Dreieck« besitzt auch heute noch eine geradezu magische Anziehungskraft, und so strömen täglich Tausende von Menschen in das Dreiländereck, wo Laos, Myanmar und Thailand aufeinandertreffen. Die meisten Touristen verlassen den Ort nach kurzer Zeit reichlich enttäuscht. Das ist kein Wunder, wird die Szenerie doch nicht von romantischen Bildern der in Bergnebel getauchten Opiumfelder bestimmt (die gibt's hier schon lange nicht mehr), sondern von Hunderten von Souvenirständen, Restaurants und Hotels. Das Ganze wird garniert vom Lärm und den Abgasen der im Minutentakt ankommenden Tourbusse. Beschaulicher und auch landschaftlich ansprechender ist das 10 km südöstlich gelegene Städtchen **Chiang Saen**. Von hier bietet sich ein schöner Blick über den Mekong ins angrenzende Laos, und zudem sind in diesem ehemals bedeutenden Ort diverse sehenswerte Tempel zu besichtigen, die an Kunst und Kultur Interessierte begeistern werden.

◎ Lamphun   ▶ S. 140, C 3
Die Distrikthauptstadt gilt als eine der ältesten Ansiedlungen des Landes. Ab Mitte des 8. Jh. bis zu ihrer Eingliederung ins Thai-Reich 1281 war sie die Hauptstadt des unabhängigen Königsreich Hariphunchai. Eine Reihe beeindruckender architektonischer Monumente dokumentieren die lang zurückreichende Geschichte der Stadt. So lassen sich die Ursprünge des im Zentrum der Altstadt gelegenen Wat Phra That Hariphunchai bis in die Mitte des 11. Jh.

zurück verfolgen. Neben seinen schönen Buddhastatuen beeindrucken besonders zwei Chedi im typischen Hariphunchai-Stil. Er soll an der Stelle des ursprünglichen Palasts der Königin von Hariphunchai errichtet worden sein. Seine heutige Form erhielt er im 15. Jh. Aus dieser Zeit stammt auch der alles überragende Bau des Tempels, der 41 m hohe, von acht großen Bronze-Buddhastatuen umgebene Chedi. Der das Heiligtum nach oben abschließende neunstufige Schirm besteht aus purem Gold.

Direkt gegenüber vom Haupteingang zum Tempel befindet sich das Hariphunchai National Museum (Mi–So 9–16 Uhr, Eintritt 100 Baht), das eine interessante Sammlung von buddhistischen Objekten aus Nordthailand zeigt.

26 km südl. von Chiang Mai

◎ Mae Sa Valley   ▶ S. 140, C 2
Eines der beliebtesten Ausflugsziele in die Umgebung von Chiang Mai ist das Mae Sa Valley. Das landschaftlich sehr schöne Tal eignet sich besonders für jene, die das hektische Chiang Mai bei ausgedehnten Spaziergängen für einen Tag hinter sich lassen wollen. Speziell die Gegend um die spektakulären Mae-Sa-Wasserfälle bietet sich hier an. Entlang der das Tal durchziehenden Straße reihen sich einige Touristenattraktionen aneinander, die von Bussen mit Besuchern versorgt werden: Orchideen- und Schlangenfarmen, ein Schmetterlingsgehege, ein Rosengarten und Elefantencamps. Auch wenn alles kommerzialisiert ist, die Vorführungen und Ausstellungen sind durchaus einen Besuch wert. Wer einen Ritt hoch auf dem Rücken eines Elefanten

wagt, unternimmt einen Abstecher in Richtung Regenwald, der mit unendlichen Variationen an Grüntönen aufwartet. Jeweils zwei Erwachsene finden auf dem Rücken eines Dickhäuters Platz, vorne im Nacken des Tieres sitzt der Mahout und lenkt. Sehenswerter Abschluss des Besuchs im Elefantencamp ist das Elefantenbad und Kunststücke der Dickhäuter
20 km nördl. von Chiang Mai

◎ Thai Elephant Conservation Centre

▶ grüner reisen, S. 20

◎ Thaton ▶ S. 140, C 1

45 000 Einwohner

Das kleine Städtchen im äußersten Norden des Landes beeindruckt neben seiner wunderschönen Lage an der Grenze zu Myanmar durch seine friedvolle Atmosphäre. Die beste Aussicht bietet die an einen Hang gebaute Tempelanlage des Wat Thaton. Besonders auffällig ist dabei die chinesische Göttin der Barmherzigkeit, Kuan Yin, die imposant auf einer Terrasse platziert das Tal überblickt. Der wichtigste Grund, nach Thaton zu reisen, ist jedoch die von hier startende, 80 km lange **Bootsfahrt auf dem Mae Kok** 🏆 nach Chiang Rai. Die Fahrt dauert, je nach Anzahl und Dauer der eingelegten Stopps, drei bis fünf Stunden. Zwar knattert laut der Motor, doch die Bootsfahrt entlang der Bilderbuchstrecke gehört zu den schönsten und eindrucksvollsten Erlebnissen jedes Thailandurlaubs. Wer über mehr Zeit verfügt, kann die Strecke auch in zwei bis drei Tagen (für etwa 3000 Baht) mit einem Bambusboot in aller Ruhe genießen.
150 km nördl. von Chiang Mai

Lampang ▶ S. 140, C 3

45 000 Einwohner

Für kunsthistorisch Interessierte gibt es in ganz Nordthailand kaum ein lohnenswerteres Ziel als das 100 km südöstlich von Chiang Mai entfernt gelegene Lampang. Das Stadtbild ist auch heute noch von den Holzhäusern geprägt, die im traditionellen Baustil errichtet wurden. Lampang war vom 7. bis 13. Jh. Hauptstadt eines unabhängigen Königreiches, ehe es von König Mengrai, dem Herrscher von Chiang Mai, erobert wurde. Die beeindruckendsten architektonischen Hinterlassenschaften in der Stadt stammen von burmesischen Händlern, die hier Anfang des 20. Jh. durch den Handel mit Teakholz zu Reichtum gelangten. Beim Bummel durch die pittoresken Altstadtgassen fallen vor allem die bunt bemalten Pferdekutschen ins Auge. Noch heute besitzt die Stadt am Ufer des Wang-Flusses mehrere beeindruckende, in Form und Dekor äußerst variantenreiche Tempel. Auch die unmittelbare Umgebung ist eine Schatzkammer an kunsthistorisch außergewöhnlichen Bauten.

SEHENSWERTES

Baan Sao Nak

Das Ende des 19. Jh. auf 116 Säulen erbaute Teakhaus gilt in ganz Thailand als eines der schönsten Bauwerke im klassischen Lana-Stil – dem für das ehemals unabhängige Königreich typischen Baustil. Die Räume sind mit burmesischem und nordthailändischem Mobiliar ausgestattet. Zum adretten Gesamteindruck trägt auch die das Gebäude umgebende Gartenanlage bei.
Thanon Ratwathana • tgl. 10-17 Uhr • Eintritt 50 Baht

Wat Phra Keo Don Tao

Von den zahlreichen im burmesischen Stil errichteten Tempeln Lampangs ist besonders Wat Phra Keo Don Tao besuchenswert. Auffälligstes Bauwerk der Anlage ist der über 50 m hohe goldene Chedi, der eine Reliquie Buddhas enthalten soll. Im kleinen Museum werden typische Kunsthandwerke des Nordens wie Keramikarbeiten, Holzschnitzereien und Schmuck ausgestellt.
Phra Kaeo Rd.

ÜBERNACHTEN
Pin Hotel

Große Zimmer • Preislich eher der unteren Mittelklasse zuzurechnen bietet das Pin mit seinem professionellen Service und einem guten Restaurant ein ausgezeichnetes Preis-Leistungs-Verhältnis.
8 Thanon Suan Doc • Tel. 0 54 22/ 15 09 • 102 Zimmer • €€

ESSEN UND TRINKEN
Heuan Chom Wang

Günstig und gut • Köstliche nordthailändische Gerichte zu Spottpreisen in einem schönen Teakhaus mit Freilufterrasse am Wang-Fluss.
276 Thanon Talat Kao • €

Riverside Bar & Restaurant

Tolle Atmosphäre • In dem hübschen Teakhaus direkt am Wang-Fluss findet sich jeden Abend eine bunte Mischung aus Einheimischen und ausländischen Touristen ein, die sich an den köstlichen vegetarischen Gerichten und den Livebands erfreuen.
328 Thanon Thip Chang • €

SERVICE
AUSKUNFT
Tourist Information Office

Thanon Thakhrao Noi • Tel. 0 54 23/ 72 37

Der Wat Phra That Lampang Luang (▶ S. 71), ein Beispiel sakraler Architektur im Norden Thailands, zeichnet sich durch filigrane Muster und kunstvolle Holzschnitzereien aus.

VERKEHR

Einzigartig in ganz Thailand und eine Touristenattraktion sind die kleinen Pferdekutschen – ein beliebtes Fotomotiv. Gleichzeitig stellen sie die schönste Art dar, um die Stadt zu erkunden. Eine einstündige Tour (300 Baht) hält unter anderem am Wat Kaew Don Tao.

Ziel in der Umgebung

◎ **Wat Phra That Lampang Luang** ▸ S. 140, C 3

Vielen gilt der Tempel als der schönste im Lanna-Stil – dem für das ehemals unabhängige Königreich typischen Baustil – errichtete Sakralbau überhaupt. Die auf einer leichten Anhöhe erbauten, von festungsähnlichen Mauern umgebene Anlage mit den darüber aufragendem goldenen Chedi und den tief herunterhängenden Staffeldächern des Hauptgebäudes strahlen eine harmonische Ruhe aus. Über eine von Nagaschlangen flankierte Treppe gelangt man ins Innere der Anlage. Der aus dem Jahr 1476 stammende Wihan Luang gilt gemeinhin als der älteste noch stehende Holzbau ganz Thailands. Noch älteren Datums ist ein kleiner südlich des Hauptbaus platzierter Chedi aus dem 13. Jh.

Am Südeingang zum Wat finden sich gleich drei kleine Museen, mit einer großen Bandbreite an buddhistischen Devotionalien und Statuen. 15 km südwestl. von Lampang

Mae Hong Son ▸ S. 140, A/B 2

10 000 Einwohner

Der Weg lohnt sich, könnte man in Anspielung auf eine bekannte Zigarettenreklame sagen, wenn man von Chiang Mai aus nach neunstündiger Busfahrt in der Kleinstadt Mae Hong Son ankommt. Ihre Lage in einem weiten Talkessel vor der Szenerie üppiger Wälder und schroffer Berge entspricht genau den klassischen Nordthailand-Vorstellungen von Ruhe, Natur und Erholung, die man im Großraum Chiang Mai nur noch äußerst selten findet.

Das Zehntausend-Seelen-Dorf im äußersten Nordwesten Thailands ist das Verwaltungszentrum der am dünnsten besiedelten und landschaftlich unberührtesten Provinz des Landes. Der überall spürbare burmesische Einfluss ist kaum verwunderlich, liegt der Ort doch gerade einmal 16 km von der burmesischen Grenze entfernt. Die Tempelarchitektur z. B. weist deutlich burmesische Stilelemente auf, und die Shan aus dem benachbarten Myanmar stellen sogar die Hälfte der Bevölkerung. Auch der auffällige Reichtum in der Grenzregion basiert nicht zuletzt auf der regen Schmuggeltätigkeit zwischen den beiden Ländern. Es ist diese attraktive Mischung aus landschaftlicher Schönheit, ethnischer Vielfalt, hübschen Tempelanlagen, entspannter Atmosphäre, einem angenehmen Klima und der guten touristischen Infrastruktur, die Mae Hong Son in den letzten Jahren zu einem immer beliebteren Reiseziel hat werden lassen. Die Umgebung bietet sich zudem als ideales Ausflugsziel für geruhsame Wanderungen oder auch mehrtägige Trekkingtouren an.

SEHENSWERTES

Wat Chong Kham/ Wat Chong Klang

Die Silhouetten dieser beiden unmittelbar nebeneinander gelegenen Tempelanlagen bilden ein beliebtes

Fotomotiv. Im Wat Chong Klang sind besonders die ca. 100 Jahre alten Glasmalereien und die in einem Regal eingeschlossenen, mehr als 30 hölzernen Buddhafiguren aus Burma sehenswert.

Wat Phra That Doi Kon Mu

Lang wie der Name ist auch der Aufstieg zu diesem auf einem 425 m hohen Berg gelegenen Tempel aus dem 19. Jh. Er weist zwei schöne Chedis im burmesischen Stil auf, von oben bietet sich ein grandioser Ausblick.

SPAZIERGANG

Ausgangspunkt des Spaziergangs durch den kleinen Ort ist der 425 m hoch gelegene **Wat Phra That Doi Kon Mu**, eine sehr schöne, im burmesischen Stil errichtete Tempelanlage mit herrlichem Blick auf die Stadt. Von hier geht ein schmaler Serpentinenweg steil hinunter in die Stadt. Biegt man am Ende der Paddong Muai To Rd. nach rechts in die Phanit Wattana Rd. ein, liegt rechter Hand der schöne, aus Teakholz erbaute **Wat Hua Wing**. Wenige Meter weiter lohnt ein Besuch des lokalen Marktes, wo man Angehörige der verschiedenen Bergvölker der Umgebung beim Einkauf beobachten kann. Entlang der Pradit Jongkum Rd. gelangt man zum malerischen **Chong-Kham-See**. Der um den See herumführende Fußweg eröffnet immer wieder hübsche Ausblicke, wobei besonders die beiden sich im See spiegelnden Tempelanlagen **Wat Chong Kham** und **Wat Chong Klang** ins Auge fallen. Beenden Sie Ihren Rundgang in einem der Restaurants am See und genießen Sie die friedvolle Atmosphäre des Ortes.
Dauer: 1 Std.

ÜBERNACHTEN

Imperial Tara Mae Hong Son

Sehr gepflegt • Perfekt in die grüne Umgebung eingepasste luxuriöse Resort-Anlage, 2 km südlich der Stadt.
149 Moo 8 Tambon Pang Moo •
Tel. 0 53/68 44 44 • www.imperial
hotels.com/taramaehongson •
109 Zimmer • €€€

Fern Rim Tarn Resort

Stilvoll individuell • Absolut ruhig gelegene Bungalowanlage inmitten wunderschöner Berglandschaft.
64 Mu Bo, Thambon Pha Bong •
Tel. 0 53/68 61 10 • ww.fernresort.
info • 40 Bungalows • €€

Mae Hong Son Resort

Gutes Preis-Leistungs-Verhältnis • Schöne Bungalowanlage 8 km nördlich der Stadt am Pai-Fluss, mit Pool.
24 Ban Huai Dua • Tel. 0 53/
61 14 06 • 53 Zimmer • €€

Rooks Holiday Hotel & Resort

Weitläufige Anlage • Große Anlage mit Zimmern und Bungalows sowie Pool, Tennisplätzen und Restaurant.
114/5-7 Thanon Khunlum Prapat •
Tel. 053/61 23 24 • 114 Zimmer • €€

Piya Guesthouse

Preiswert, aber gut • Eine der schönsten Billigunterkünfte. In unmittelbarer Nähe zum See.
32 Phadit Choncome Rd. •
Tel. 0 53/61 12 60 • 16 Zimmer • €

ESSEN UND TRINKEN
Bai Fern Restaurant

Bestes Restaurant am Platz • Umfangreiche Speisekarte und gemütliches Ambiente.
87 Khunlum Prapas Rd. •
Tel. 0 53/61 13 47 • €€

Vor den nebeneinander liegenden Tempeln Wat Chong Kham und Wat Chong Klang
(▶ S. 71) in Mae Hong Son versorgen zahlreiche Garküchen die Besucher mit Essen.

Kai Mook

Alteingesessenes Restaurant • Große Speisekarte thailändischer und
chinesischer Gerichte; etwas zurückversetzt von der Hauptstraße.
71 Khunlum Prapas Rd. •
Tel. 0 53/61 10 92 • €

Salween River Restaurant

Nette Atmosphäre • In-Café mit gutem Kaffee und mit westlichen vegetarischen Gerichten.
Thanon Singhanat Bamrung •
Tel. 0 53/61 20 50 • €

EINKAUFEN

Viele Souvenirgeschäfte an der
Hauptstraße von Mae Hong Son haben sich auf kunsthandwerkliche Waren aus Myanmar spezialisiert. Ge-
fragt sind vor allem schöne
Lackarbeiten und bestickte Kleider
der Bergstämme.

SERVICE

AUSKUNFT/POLIZEI
Touristpolice
Singhan nat Bamrung Rd. •
Tel. 0 53/61 18 12

Nordost- und Ostthailand Die
Region jenseits ausgetretener Touristenpfade präsentiert
ein unverfälschtes Stück Thailand, voll ursprünglicher
Schönheit, friedlicher Ruhe und authentischem Charme.

◄ Türkisfarbenes Wasser und weißer
Sandstrand: auf Ko Chang (▶ S. 75), der
zweitgrößten Insel Thailands.

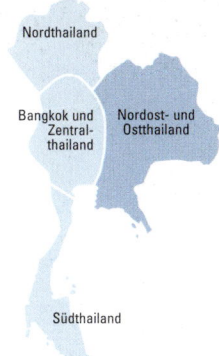

Nordthailand

Bangkok und
Zentral-
thailand

Nordost- und
Ostthailand

Südthailand

Nicht nur wirtschaftlich, auch touristisch ist der von den Thais Isan genannte Nordosten die mit Abstand am wenigsten entwickelte Region des Landes. Es verirren sich nur wenige Touristen in die karstige Hochebene, die im Süden an Kambodscha grenzt und im Norden und Osten durch den Mekong vom benachbarten Laos getrennt wird, mit dem es eine lange gemeinsame Geschichte verbindet.

Vor allem die im übrigen Thailand immer seltener zu findende Ruhe und Weite und die äußerst freundlichen Bewohner des Isan sind es, die die wenigen Touristen in dieser Region immer wieder faszinieren. Die einzigartigen Khmer-Tempel von **Phimai** und **Prasat Phanom Rung** sind für kulturhistorisch Interessierte eine wahre Schatzkammer.

Wer schließlich vor seinem Rückflug noch einige Strandtage genießen möchte, hat die Auswahl zwischen drei völlig unterschiedlichen Zielen im Südosten. Dem nur 1,5 Fahrstunden von Bangkok entfernten **Pattaya**, das sich trotz seines legendären Nachtlebens weg vom Sextourismus hin zum familienfreundlichen Seebad mit riesigem Freizeitangebot, hübschen Stränden und einer guten touristischen Infrastruktur entwickelt. Oder der lieblichen, kleinen, weiter östlich gelegenen Insel **Ko Samet** oder **Ko Chang**. Einer Insel, die wegen ihrer Strände, herrlichen Wanderwege, hervorragenden Tauchmöglichkeiten und der inzwischen auch guten touristischen Infrastruktur der ideale Ort ist, um für ein paar Tage »die Seele baumeln zu lassen«.

Ko Chang ▶ S. 146, A/B 16

Die im äußersten Osten des Landes an der Grenze zu Kambodscha gelegene Insel Mu Ko Chang ist Teil des aus insgesamt 51 Eilanden bestehenden Mu-Ko-Chang-Nationalparks und ein echter »Geheimtipp« zum Entspannen. Mit unzähligen Bilderbuchstränden vor allem an der Westküste, mit Tauchmöglichkeiten in die exotische Unterwasserwelt und mit herrlichen Wanderwegen durch den nahezu unberührten Urwald, der noch 70 % der Inselfläche bedeckt, bietet sie alle Klischees, die man von einer Trauminsel erwartet. Wer ein wenig seinen Robinson-Crusoe-Träumereien nachgehen will, für den bietet sich ein Bootsausflug zu den Nachbarinseln an. Neben zahlreichen einfachen Billigunterkünften sind in den letzten Jahren auch viele komfortable Bungalowanlagen entstanden. Es bleibt zu hoffen, dass die Verantwortlichen aus den Fehlern andernorts gelernt haben und eine unkontrollierte, auf schnellen Profit orientierte Entwicklung unterbinden. Einziger dunkler Fleck auf der bislang noch weißen Weste des Urlaubsparadieses Ko Chang ist die in dieser Regi-

on nicht zu unterschätzende Malaria-
gefahr. Meiden sollte man deshalb die
Regenzeit zwischen Juni und Oktober, während in den Monaten November bis April mit Malariaprophylaxe und dem Einreiben mit
mückenabweisender Lotion eigentlich nichts passieren sollte.

WUSSTEN SIE, DASS...

... das Königreich Thailand bis
1939 Siam hieß? Sein heutiger
Name bedeutet »Das Land der
Freien« und erinnert daran,
dass Thailand im Gegensatz zu
seinen Nachbarn niemals koloni-
siert wurde.

SEHENSWERTES

Ko Mak und Ko Kut

Die beiden Nachbarinseln sind
problemlos per Boot zu erreichen
und stehen Ko Chang in Schönheit
und weitgehender Unberührtheit in
nichts nach. Auch hier kann man
wunderbar wandern und sich herr-
lich entspannen.

Than Mayom Waterfall

Auch demjenigen, der im Urlaub in
erster Linie am Strand faulenzen und
sich nur ungern vom Liegestuhl erhe-
ben will, sei ein Ausflug ins verwun-
schen-schöne Innere der Insel unbedingt empfohlen. Hierzu eignet sich
besonders der ca. 45-minütige Fuß-
marsch landeinwärts von der Ostküste zum Than-Mayom-Wasserfall. Eigentlich handelt es sich hierbei um
drei aufeinanderfolgende Wasserfälle. Für die Mühen der Wanderung
entschädigen der Ausblick von der
Spitze des ersten Wasserfalls sowie
ein erfrischendes Bad.

ÜBERNACHTEN

Panviman Koh Chang Resort

Viele Stammgäste • Mit den in tradi-
tionellem Thai-Stil errichteten Villen
in tropischer Gartenlandschaft gehört das Resort zu den schönsten An-
lagen der Insel.
8/15 Klong Prao Beach • Tel. 0 39/
55 12 90 • www.panviman.com/
kohchang • 50 Bungalows • €€€€

The Dewa

Ungewöhnliche Architektur • Eine
sehr gelungene Mischung aus tradi-
tionellem und modernem Stil macht
das Dewa zu einer der geschmack-
vollsten Unterkünfte von Ko Chang.
Klong Phrao • Tel. 0 39/55 73 39 •
www.thedewa-kohchang.com •
€€€€

Koh Chang Cliff Beach Resort

Freundlich-friedlich • Die gute Lage
mit eigenem Riff, der freundliche Service und die persönliche Atmosphäre
versprechen einen erholsamen Aufenthalt in dieser Resort-Anlage.
Kai Bae Beach, 38/4 Moo 4 • Tel. 0 39/
5 57 03 45 • www.kohchangcliffbeach.
com • 33 Zimmer • €€€

Nirvana

Paradisisch • Sehr gelungen in die
tropische Natur integrierte und stilvoll eingerichtete Bungalows.
Ban Bang Bao • Tel. 0 39/55 80 61 •
www.nirvanakohchang.com •
11 Zimmer • €€€

Blue Lagoon Resort

Viel fürs Geld • Äußerst freundliches
Resort mit hübschen Bungalows an
einer ruhigen Lagune.
Ao Khlong Prao • Tel. 08 19/
40 06 49 • 24 Bunglows und Zimmer •
€

ESSEN UND TRINKEN

Bay Restaurant

Spitzenküche • Das beste Restaurant der Insel mit internationalen und thailändischen Gerichten.
Dusit Princess, Tambol Koh Chang Tai • Tel. 0 39/61 91 11 • €€€€

Invito

Guter Italiener • Die (vornehmlich italienischen) Gerichte sind ebenso ausgezeichnet wie das Ambiente. Umfangreiche Weinkarte.
Hat Sai Khao • Tel. 039/55 13 26 • €€€

Cookies Restaurant

Mit Meeresblick • Internationale Gerichte, serviert auf einer schönen Holzterrasse am Meer.
Hat Sai Khao • Tel. 0 39/55 10 56 • €€

SERVICE
VERKEHR

Bei Ankunft der Boote vom Festland stehen Sammeltaxen (Songtaews) und Motorrad-Taxen für die Gäste bereit. Für die nicht an Straßen angeschlossenen Unterkünfte muss man die überall zur Verfügung stehenden Boote nehmen.

Ko Samet   ▸ S. 146, A 15

Die 13 qkm kleine Insel ist trotz ihrer Nähe zu Bangkok und den tropischen Stränden weit von den zum Teil problematischen Folgen des Massentourismus in Pattaya und Phuket entfernt, auch wenn sie allmählich spürbar werden. Mit ein Grund ist der hier herrschende Wassermangel, der den Bau großer Hotelanlagen verhindert. Von den zahllosen schneeweißen Stränden an der Ostküste sind der Hat Sai Kaew und der Ao Wong Deuan die beliebtesten und am besten erschlossenen. Während man hier unter der Woche immer noch ruhige Strandtage genießen kann, sollte man die Wochenenden besser meiden, da dann Tausende von Tagesausflüglern aus Bangkok anreisen. Da Ko Samet Teil eines Nationalparks ist, wird von ausländischen Touristen bei der Ankunft eine Gebühr von 200 Baht erhoben.

ÜBERNACHTEN

Samed Grand View

Schöne Lage • Bestes Hotel der Insel mit hübschem Garten und komfortablen Zimmern.
Hat Sai Kaew • Tel. 0 38/64 42 20 • www.grandviewthai.com • 66 Zimmer • €€

SERVICE
ANREISE

Zunächst reist man mit einem Bus von Bangkok in 2,5 Stunden nach Rayong. Von dort geht es weiter bis Ban Phe, dann auf die Fähre. Einfacher und mit ca. 250 Baht recht billig sind von Reisebüros in Bangkok verkaufte Sammeltickets, die Bus- und Bootsfahrt beinhalten.

Nakhon Ratchasima (Khorat)   ▸ S. 145, F 10

200 000 Einwohner

Das 250 km nordöstlich von Bangkok gelegene Nakhon Ratchasima ist die bevölkerungsreichste Stadt des Nordostens und auch dessen wirtschaftliches Zentrum. Obwohl die von den Thais nur kurz »Khorat« genannte Stadt auf eine lange Geschichte zurückschauen kann, prägen heute überwiegend moderne Neubauten das Bild.

Grünes Paradies: Im Khao Yai National Park (▶ S. 79) sind der Wald und die Tiere vor Abholzungen und deren Folgeschäden geschützt.

Sehenswürdigkeiten im üblichen Sinne finden sich kaum, doch wegen der guten touristischen Infrastruktur bietet sich die Stadt als Ausgangspunkt für die Erkundung der vielen kulturellen und landschaftlichen Höhepunkte der Umgebung an, insbesondere der Stätten des Khmer-Reiches.

MUSEEN
Mahawirawong-Museum
Das auf dem Gelände des Suthachinada-Tempels untergebrachte Museum beherbergt sehr schöne Khmer-Kunstgegenstände.
www.thailandmuseum.com • Mi–So 9–16 Uhr • Eintritt 50 Baht

ÜBERNACHTEN
Dusit Princess Khorat
Viel fürs Geld • Renommiertes Hotel in den nordöstlichen Außenbezirken. Die schöne Unterkunft bietet einen angenehmen Service.

1137 Thanon Suranari • Tel. 044/ 25 66 29 • www.dusit.com • 186 Zimmer • €€

Sima Thani
Alteingesessen • Trotz leichter Mängel immer noch eines der besten Hotels der Stadt; 4 km außerhalb.
2114 Mittraphap Rd. • Tel. 0 44/ 21 31 00 • 135 Zimmer • €€

Korat Hotel
Ruhige Lage • Gutes Mittelklassehotel mit komfortablen Zimmern.
191 Thanon Atsadang • Tel. 0 44/ 25 70 57 • E-Mail: korathotel@ hotmail.com • 38 Zimmer • €

ESSEN UND TRINKEN
Cabbage & Condoms
Vegetarische Gerichte • Ableger des berühmten Bangkoker Restaurants mit sehr guter vegetarischer Küche.
76 Soi 4, Seup Siri Rd. • €€

Doksom Restaurant

Schwerpunkt chinesisch • Hier wird einheimische sowie chinesische und westliche Küche in schönem Ambiente eines von tropischen Pflanzen umrankten Freiluftrestaurants geboten.
142 Chumpol Road • Tel. 0 44/
25 20 20 • €€

Farm Phlaatuthong Restaurant

Authentisch Thai • Köstliches Thai-Essen in angenehmer Atmosphäre mit freundlicher Bedienung.
12 Seup Siri Rd. • €€

Thai Phochana

Favorit der Einheimischen • Eines der bekanntesten Lokale der Stadt, hervorragende Nudelgerichte.
142 Jomsurangyat Rd. • €€

Thaleh Thai

Fisch und mehr • Ausgezeichnetes Seafood-Restaurant im Freien.
Mahattai Rd. • €€

EINKAUFEN

Klang Plaza 2

Ein großer neuer Einkaufskomplex, in dem in zahllosen Geschäften vom Videorecorder bis zum Haustier alles angeboten wird.
Jomsurangyat Rd.

SERVICE

AUSKUNFT
TAT
2102 Mittraphap Rd. • Tel. 0 44/21 36 66 • tgl. 8.30–16.30 Uhr • Filiale am Bahnhof

VERKEHR

Die Stadtbusse fahren auf festen Routen durch die Stadt. Zudem gibt es Fahrrad-Rikschas und Tuk-Tuks.

Ziele in der Umgebung
◎ Dan Kwian   ▶ S. 145, F 10–11

1000 Einwohner
Das kleine Dorf ist in ganz Thailand für seine hervorragenden Keramikarbeiten bekannt. Die nach wie vor im traditionellen Verfahren in Handarbeit hergestellten Artikel werden an unzähligen Verkaufsständen entlang der Hauptstraße feilgeboten. Die Angebotsvielfalt reicht von dekorativ verzierten Vasen über Blumentöpfe bis zu Aschenbechern, wobei die Preise sehr günstig sind.
15 km südöstl. von Nakhon Ratchasima

◎ Khao Yai National Park 🔴8
▶ S. 145, E 11

Von den insgesamt 63 Nationalparks Thailands ist der Khao Yai National Park sicher einer der schönsten. Das über 2 000 qkm große Schutzgebiet wurde bereits 1962 zum Nationalpark erklärt. Damit zählt er zu den größten und ältesten Nationalparks des Landes. In dem dicht bewaldeten und recht hügeligen, auf durchschnittlich 800 m Höhe gelegenen Terrain bieten sich über 50 km Wanderwege für erholsame Spaziergänge an. Vorbei an vielen Wildblumen, malerischen Wasserfällen und idyllischen Seen lassen sich verschiedene Affen, Vögel, Hirsche, Tapire und eventuell sogar Bären beobachten. Besonders beliebt ist die Wanderung zum inmitten tropischer Landschaft auftauchenden Tok-Haew-Wasserfall, der auch in dem Film »The Beach« mit Leonardo de Caprio zu bewundern ist. Mit über 200 Elefanten weist der Park eine der größten wild lebenden Populationen in ganz Thailand auf. Grundsätzlich empfiehlt es sich für Parkbesucher, an einem der Gästehäuser am Parkeingang eine Besichtigungstour per Jeep zu buchen, da die erfahrenen Führer am besten wissen, wo und wann welche Tiere zu beobachten sind.

Eintritt 400 Baht, Jeeptour etwa 1500 Baht pro Person
Ca. 80 km südwestl. von Nakhon Ratchasima

◎ Pak Thong Chai ▸ S. 145, F 11

1000 Einwohner

Wer einmal erleben möchte, wie die weltberühmte Thai-Seide hergestellt wird, der sollte sich ins Weberdorf Pak Thong Chai begeben. Überall sitzen die Frauen an Webstühlen und stellen jene Stoffe her, die später in den Geschäften in Bangkok, Chiang Mai oder Nakhon Ratchasima zum Verkauf angeboten werden.

32 km südl. von Nakhon Ratchasima

MERIAN-Tipp **6**

ELEPHANT ROUND-UP
▸ S. 146, C 13

Das Provinzstädtchen Surin ist alljährlich im November Schauplatz eines der bei Einheimischen wie Touristen beliebtesten Feste des Landes. Beim »Elefanten-Auftrieb« zeigen bis zu 200 Elefanten in diversen Wettbewerben ihre Geschicklichkeit. Zu dem sehenswerten, dreitägigen Spektakel gehören unter anderem ein Elefantenwettrennen, ein Fußballspiel zwischen den Dickhäutern und nachgestellte mittelalterliche Schlachten.

Surin • 3. Wochenende im November
180 km östl. von Nakhon Ratchasima

◎ Phimai ▸ S. 142, B 8

15 000 Einwohner

Ein absolutes Muss für jeden kunsthistorisch auch nur einigermaßen Interessierten sind die großartigen Tempelanlagen von Phimai. Der kleine Ort liegt äußerst pittoresk zwischen dem Mun-Fluss und einem seiner Nebenflüsse, sodass die Stadt gänzlich von Wasser umgeben ist. Phimai befindet sich nur 240 km nordwestlich von Angkor Wat, das vom 8. bis 12. Jh. als großartiges Machtzentrum der Khmer diente, die von dort große Teile Südostasiens regierten.

56 km nordöstl. von Nakhon Ratchasima

◎ Prasat Hin Khao Phanom Rung Historical Park

▸ S. 146, B 13

Der weit abseits ausgetretener Touristenpfade gelegene Khmer-Tempel Prasat Hin Khao Phanom Rung vereint kulturhistorische und landschaftliche Schönheiten erster Güte. Die vorbildlich restaurierte Tempelanlage aus dem 12. Jh. ist nicht nur das größte Khmer-Heiligtum auf thailändischem Boden, sondern gilt auch als das schönste. Die Gegend war zwischen dem frühen 9. Jh. und dem 13. Jh. ein von Angkor weitgehend unabhängiges Fürstentum der Dynastie Mahidharapura. Herausragend ist allein schon die spektakuläre Lage des Heiligtums auf einem 381 m hohen erloschenen Vulkan. Das Bergmotiv symbolisiert die Wohnstätte Shivas, einem der drei Hauptgötter des Hinduismus auf dem heiligen Berg Kailash. Das gesamte Bauwerk ist streng in Ost-West-Richtung angelegt. Vom Besucherzentrum, in dem unter anderem ein

Auftrieb der Elefanten: Beim Elephant Round-up (▶ MERIAN-Tipp, S. 80) in Surin erweisen sich die Dickhäuter als erstaunlich geschickt im Umgang mit dem Ball.

Modell der Ausgrabungsstätte und einige Skulpturen ausgestellt sind, führt der Weg über ein paar verwitterte Stufen zu einer kreuzförmigen Terrasse. Rechts von hier befindet sich die sog. White Elephant Hall. Weiße Elephanten gelten als halbgöttliche Wesen und waren so traditionsgemäß ausschließlich im Besitz des Königs. Die genaue Funktion dieses aus grauem Sandstein und Laterit errichteten Gebäudes ist nicht bekannt.

Eine lange Treppe führt hinauf zum wichtigsten Bezirk. Der eigentliche Tempel wird durch einen 160 m langen erhöhten Fußweg erreicht, der von Säulen flankiert ist, und auf die Naga-Brücke zuführt. Die Brücke symbolisiert den Übergang aus der profanen in die geheiligte Welt. Eine weitere Treppe führt zu einem Bereich mit vier Bassins, die die vier Ozeane der Khmer-Mythologie symbolisieren und für rituelle Waschungen dienten. An ihnen vorbei gelangt man über eine zweite Brücke in den eigentlichen Tempel.

Bevor man zum eigentlichen Tempelbezirk gelangt, muss man die Umfassungsmauer (Gopuram) durchschreiten. Nach Hindumythologie ist das der aufgehenden Sonne zugewandte östliche Eingangstor das Haupteingangstor und dementsprechend reich verziert. Im Giebel ist eine schöne Darstellung des tanzenden Shiva Nataraja zu sehen.

Der das zentrale Heiligtum beherbergende Tempelturm ist 23 m hoch. Wie beim großen Vorbild Angkor Wat in Kambodscha so ist auch dieser Tempelturm fast gänzlich mit Skulpturen verziert. Besonders beeindruckend ist eine Darstellung des auf der

Weltenschlange Ananta ruhenden Gottes Vishnu. Der Grund, warum es sich bei dem Phra Naraj genannten Relief um das wohl bekannteste ganz Thailands handelt, liegt in seiner jüngsten, eher einem Kriminalroman ähnlichen Geschichte.

In den sechziger Jahren des 20. Jh. war das Relief von Kunsträubern entwendet und an eine private Sammlung in die USA verkauft worden. Auf verschlungenen Wegen gelangte es Jahrzehnte später als Ausstellungsobjekt in den Räumen des National Institute in Chicago ans Licht der Öffentlichkeit. Als die umfangreichen Restaurierungsarbeiten am Phanom Rung Mitte der achtziger Jahre unmittelbar vor der Vollendung standen, forderte die thailändische Regierung in einem offiziellen Schreiben die Rückgabe des Reliefs. Nachdem sich die amerikanische Regierung weigerte, kam es zu einem Aufschrei der Entrüstung in Thailand. Tausende von Menschen protestierten vor der amerikanischen Botschaft in Bangkok. Die zu jener Zeit äußerst populäre thailändische Popband Carabao schrieb einen Protestsong, dessen Refrain »Behaltet Euren Michael Jackson, aber gebt uns den Phra Naraj zurück« die Stimmung auf den Punkt brachte. Angesichts dieses Massenprotests und um weiteren Imageverlust zu vermeiden sahen sich die Amerikaner daraufhin gezwungen, das Objekt der Begierde an seinen angestammten Platz zurückzusenden.

120 km östl. von Nakhon Ratchasima

Nong Khai   ▶ S. 142, B 5

61 000 Einwohner

Das direkt am gemächlich dahinfließenden Mekong gelegene Grenzstädtchen strahlt eine heitere und gelassene Atmosphäre aus. Das friedvolle Leben, die sehr gute touristische Infrastruktur und einige hübsche Sehenswürdigkeiten führen dazu, dass nicht wenige Reisende, die Nong Khai nur als kurzen Zwischenstopp eingeplant hatten, wesentlich länger bleiben. Zwar hat die im Jahr 1994 eröffnete Friendship Bridge, auf der man in ein paar Minuten ins benachbarte Laos und die nur 25 km entfernte laotische Hauptstadt Viangchan (Vientiane) fahren kann, die einst verschlafene Ortschaft aus ihrem Dornröschenschlaf erweckt. Doch beim Bummel durch die mit französischen Kolonialvillen und Klöstern gesäumten Straßen und beim allabendlichen Sundowner in einem der vielen Cafés am Mekong fühlt man sich immer noch in jenen Gemütszustand versetzt, den das Touristenamt zum Werbeslogan erhoben hat: »Thailand – smooth as silk«. Unbedingt lohnenswert ist auch eine Fahrradtour am Mekong entlang.

MERIAN-Tipp

DEM MEKONG ENTLANG

▶ S. 142, B 5/D 7

Verschlafene Provinzstädte mit traditionellen Holzhäusern an den Ufern des gemächlich dahinfließenden Mekong-Flusses, jahrhundertealte lokale Feste, freundliche, unaufdringliche Menschen, lokale farbenfrohe Märkte – friedliche Bilder des »alten Thailands« vor der Modernisierung erlebt, wer sich Zeit nimmt und dem Mekong von Nong Khai nach Mukdahan folgt.

SEHENSWERTES

Sala Kaew Ku Sculpture Park

Rätselhaft, skurril, beeindruckend – das sind die meistgehörten Kommentare zum jährlich Zigtausende von einheimischen wie internationalen Touristen anziehenden Wat Khaek Ku Sculpture Park. Mit seinen Dutzenden riesiger Götterfiguren aus Stein und Zement gehört er zum absoluten Muss eines jeden Nong-Khai-Aufenthaltes. Ebenso skurril wie der Park selbst war sein Gründer, der 1996 verstorbene Luang Poo. Nachdem er im kommunistischen Laos als angeblicher CIA-Spion zwei Jahre im Gefängnis saß, gelang ihm 1978 die Flucht ins benachbarte Thailand. Mithilfe seiner Anhänger begann der vermeintliche Guru mit dem Bau seines Skulpturenparks. Das den Park durchziehende kunterbunte Sammelsurium, das aus jeglicher Art von asiatischen Heiligen besteht, ist einzigartig in ganz Thailand: riesige 25 m hohe Buddha-, Shiva- und Ganesha-Statuen neben mystischen Tieren wie der Nagaschlange oder dem Nandi-Bullen. Die eigenwillige Philosophie des Gründers spiegelt sich in dem mehrere Szenen umfassenden Wheel of Life genannten Objekt, bei dem der idealtypische Lebenszyklus eines buddhistischen Gläubigen nachgestellt wird. Der einbalsamierte Religionsgründer liegt unter einer Glasvitrine im Obergeschoss des Hauptgebäudes.
4 km östl. Nong Khai

Wat Pho Chai

Der mit seinen hoch aufragenden Außenwänden und schmuckvollem Dach bedeutendste Tempel Nong Khais beherbergt mit dem Phra Sai eine der meistverehrten Buddhastatuen des Landes. Der Körper des ursprünglich in Laos ansässigen Heiligtums besteht aus Bronze, sein Kopf aus purem Gold. Die daraus aufsteigende Erleuchtungsflamme

Von faszinierender Fremdartigkeit: der Skulpturenpark in Nong Khai (▶ S. 83).

ist mit wertvollen Edelsteinen verziert. Während des alljährlich im April stattfindenden Songkran-Festes wird die wertvolle Statue durch die dann mit Zigtausenden von Gläubigen gesäumten Straße von Nong Khai getragen.
2 Thanon Pho Cha

ÜBERNACHTEN

Royal Mekong Nong Khai

Mit Aussicht • Trotz des zuweilen schleppenden Service empfiehlt sich das Hotel wegen seiner schönen Lage am Mekong, den geräumigen Zimmern und dem großen Pool.

222 Jommanee Beach • Tel. 0 42 46/
5 77 79 • www.royalmekong.com •
208 Zimmer • €€

Mut Mee Guest House 🏃🍴

Gemütliches Familienhotel • Alteingesessenes, einfaches, aber äußerst gemütliches Hotel in hübscher
Gartenanlage direkt am Mekong.
1111/4 Thanon Kaew Worawut • Tel.
0 42 46/07 17 • www.mutmee.com •
21 Zimmer • €

ESSEN UND TRINKEN
Mut Mee Garden Restaurant

Bunte Vielfalt • Eine reiche Auswahl
an thailändischen, westlichen und
vegetarischen Speisen direkt am Mekong bietet das dem Mut Mee Guest
House angeschlossene Restaurant.
1111/4 Thanon Kaew Worawut • Tel.
0 42 46/07 17 • €

Bird's Eye View Terrace

Regionalküche mit Aussicht • Küche des Nordostens Thailands mit
schöner Aussicht vom Dachrestau-
rant des Nong Khai Grand Hotel.
Highway 212 • Tel. 0 42 46/00 33 • €

EINKAUFEN
Sadet Market

Der zum größten Teil überdachte,
entlang des Mekong verlaufende
Markt ist ein idealer Ort, um Land,
Leute und Waren auf sich wirken zu
lassen. Neben dem farbenfrohen Ge-
müse- und Früchtemarkt fällt hier
besonders das überaus reiche Angebot aus den indochinesischen Nach-
barländern Laos, Kambodscha und
Vietnam ins Auge. Es gibt kaum einen besseren Ort, um kunsthandwerkliche Souvenirs wie Holzschnitzereien, Silber, Schmuck und Seide
zu erstehen.

SERVICE
AKTIVITÄTEN
Fahrradtour

Für eine Fahrradtour durch unver-
fälschte Dörfer entlang des Mekong
kann man Fahrräder zum Preis von
50-100 Baht pro Tag in fast allen Hotels und Pensionen mieten.

Sunset Cruise

Die allabendlich um 17.30 Uhr vom
Anlegesteg in der Nähe des Mut Mee
Guest House beginnende Sunset
Cruise bietet die Gelegenheit, den
Tag stilvoll beim Sonnenuntergang
auf dem Mekong zu beenden.
Dauer: 1 Std. • 30 Baht

AUSKUNFT
TAT

Highway 2 • Tel. 0 42 42/1326

Pattaya ► S. 149, E 17

120 000 Einwohner
Über vier Jahrzehnte zieht das etwa
120 km südöstlich von Bangkok gelegene Seebad jedes Jahr Tausende
von Besuchern an. Mit seiner Nähe
zu Bangkok, seinen langgezogenen
Stränden und einer ausgezeichneten
touristischen Infrastruktur gehört es
zu den beliebtesten Badeorten Thailands. Was aber bis heute die eigentliche Anziehungskraft der hier besonders zahlreichen männlichen
Gäste ausmacht, sind die fast an jeder Straßenecke zu findenden Go-
Go-Bars und Massagesalons. Seit
hier die ersten amerikanischen GI's
Mitte der sechziger Jahre ankamen,
um sich bei »sex and drugs and rock
and roll« von den Strapazen des Vi-
etnamkrieges zu erholen, hat die
Stadt den zweifelhaften Ruf vom
Sündenbabel Asiens erlangt. »Sex
sells«, der Tourismus boomte, mit

ihm negative Auswüchse wie riesige, das Panorama verschandelnde Luxushotels, Umweltverschmutzung und Kriminalität.

Um sein schlechtes Image aufzubessern, versuchte die Stadt in den letzten Jahren den ambitionierten Spagat vom Paradies für alleinreisende Männer zum Urlaubsgebiet für die ganze Familie.

SEHENSWERTES

Pattaya Elephant Village

Ein bei Kindern wie Erwachsenen gleichermaßen beliebtes Elefantenreservat, mit der Möglichkeit zu mehrstündigen Ausritten. Am beliebtesten sind die täglich um 14.30 Uhr stattfindenden Shows (650 Baht), in denen die Dickhäuter ihre Fertigkeiten vorführen.

48/120, Moo 7, Tambol Nong Prue • Tel. 0 38 24/98 53 • www.elephant-village-pattaya.com

Underwater World

Der 100 m lange, durchsichtige Tunnel mitten durch die Vielfalt der über 4000 Meerestiere ist die Hauptattraktion des Aquariums.

Thanon Sukhumvit • Tel. 0 38 75/68 79 • tgl. 9–18 Uhr • Eintritt 450, Kinder 250 Baht

ÜBERNACHTEN

Rabbit Resort

Rundum gelungen • Mehrfach ausgezeichnete Luxusanlage am nördlichen Ende des Jomtien Strandes mit einer Auswahl ausnahmslos sehr schöner zweigeschossiger Villen. Häufig werden den Gästen große Rabatte gewährt.

Dongtan Beach, Hat Jomtien • Tel. 0 38 30/33 03 • www.rabbit resort.com • 49 Zimmer • €€€€

Woodlands Resort 👫

Geeignet für Familien • Inmitten einer tropischen Gartenanlage mit zwei Swimmingpools liegt dieses Resort mit seinen geschmackvollen und elegant eingerichteten Zimmern.

164/1 Thanon Naklua • Tel. 0 38 42/17 07 • www.woodland-resort.com • 134 Zimmer • €€

ESSEN UND TRINKEN

Mantra

Große Cocktail-Auswahl • Die beste Adresse Pattayas für exquisite Küche (thai, japanisch und indisch) in stilvollem Ambiente. Bekannt auch für seine tollen Cocktails.

Thanon Hat Pattaya • Tel. 0 38 42/95 91 • €€€

PIC Kitchen

Große Bier- und Weinkarte • Elegant eingerichtetes Restaurant mit ausgezeichneten Thai-Gerichten. Jeden Abend Live-Jazzmusik.

10 Soi 5, Thanon Pattaya 2 • Tel. 0 38 42/83 74 • €

AM ABEND

Tiffany's

Diese Show gilt seit über 3 Jahrzehnten als eine der besten Transvestitenshows Asiens mit täglichen Aufführungen um 18, 19.30 und 21 Uhr.

464 Mu 9, Thanon Pattaya 2 • Tel. 0 38 42/17 00 • www.tiffany-show.co.th

SERVICE

VERKEHR

Entlang der insgesamt über 10 km langen Uferstraße von Pattaya bis Jomtien verkehren von früh morgens bis in die Nacht Sonthaews (Sammeltaxis). Preise je nach Entfernung zwischen 10–60 Baht.

Südthailand
Atemberaubende Strandkulissen mit schneeweißem Sand und glutroten Sonnenuntergängen kommen dem Paradies sehr nah. Einen Blick wert sind auch die Ziele jenseits der Bilderbuchstrände.

◄ Die Tham Phra Nang Bucht (▸ S. 101) bei Krabi gilt als einer der schönsten Strände Thailands.

Nordthailand

Bangkok und Zentral-thailand

Nordost- und Ostthailand

Südthailand

Der Süden hat mit seiner Postkartenlandschaft, die fast schon zu schön ist, um wahr zu sein, das Thailandbild im Ausland wie keine andere Region des Landes geprägt. Kein Wunder also, dass in den europäischen Wintermonaten Heerscharen von kälte- und nässegeplagten Mitteleuropäern in den sonnigen Süden jetten. So verständlich diese Sehnsucht nach Sonne, Sand und Meer ist, so sollte man doch nicht ganz vergessen, dass der Süden noch andere Sehenswürdigkeiten zu bieten hat, die äußerst besuchenswert sind. Vor allem die 15 Nationalparks und Naturreservate bieten eine willkommene Abwechslung. Auf jeden Fall sei jedem Besucher, der mit der Absicht nach Thailand gekommen ist, möglichst viel vom Land zu sehen, dringend geraten, nicht zuerst in den Süden zu fahren. Hat man sich nämlich erst einmal an das paradiesische Inselleben gewöhnt, hält einen der Südseezauber erfahrungsgemäß bis zum Abflugtag gefangen.

Hua Hin

▸ S. 149, D 17

42 000 Einwohner

Der 186 km südlich von Bangkok am Golf von Thailand gelegene Badeort ist von königlichem Geblüt. Den Grundstein im Sinne des Wortes legte der thailändische Monarch Rama VII. Mit dem Bau eines Sommerpalastes im Jahr 1922 begann der Aufstieg des bis dahin unbekannten Fischerdorfes zu einem der bekanntesten Badeorte Thailands. Bis Anfang der achtziger Jahre war es »the place to see and be seen« für die thailändische High Society. Eine durchaus sympathische Mischung aus feudaler, wenn auch altbackener Eleganz bestimmte die Atmosphäre. Mit dem weltweiten Erfolg des Filmes »Killing Fields«, der zum Großteil auf dem Gelände und in den Räumen des Hua Hin Railway Hotels gedreht wurde, rückte der Ort auch ins Auge des internationalen Publikums. Inzwischen säumen die Unterkünfte fast aller großen internationalen Hotelketten den über 5 km langen Strand am Golf von Thailand. Die ausgezeichnete touristische Infrastruktur, die Nähe zu Bangkok, das mit dem Auto in drei Stunden erreicht werden kann, und eines der regenärmsten Klimata ganz Thailands hat Hua Hin zu einem der beliebtesten Badeorte Thailands aufsteigen lassen. Ausschweifendes Nachtleben wird man vergeblich suchen, dafür fühlen sich Familien mit Kindern und ältere Menschen wohl.

SEHENSWERTES

Hua Hin Railway Station

Eher einem Palast im klassischen Thai-Stil denn einer Bahnstation ähnelt die Hua Hin Railway Station.

Tatsächlich diente der Prachtbau aus reinem Holz auch zunächst als königlicher Pavillon im von Rama VI. Anfang des 20. Jh. erbauten Sanamchan-Palast in der Provinz Nakhon Pathom, ehe er 1968 nach Hua Hin gebracht und wiederaufgebaut wurde. Mit seinen spitz aufragenden Dächern und der historischen Eisenbahn gehört der Bahnhof zu den meistfotografierten Motiven von Hua Hin.

Klai Kangwon

Der von König Rama VII. im Jahr 1927 in Auftrag gegebene und 1929 fertiggestellte Sommerpalast ähnelt eher einem italienischen Schloss denn einem asiatischen Palast. Sein Architekt Prinz Kritikara, der auch für die Renovierung der Thronhalle Chakri Maha Prasat in Bangkok ver-

---

WUSSTEN SIE, DASS...

... König Ramkhamhaeng als der Erfinder des ersten thailändischen Alphabets gilt? Obwohl seine Herrschaft über 700 Jahre zurückliegt, ist er bis heute einer der meistverehrten thailändischen Monarchen.

---

antwortlich zeichnete, erhielt seine Ausbildung an der Ecole des Beaux-Arts in Paris. Mehrere weitere Gebäude auf dem Palastgelände wurden Mitte der dreißiger Jahre des 20. Jh. hinzugefügt.

»Fern-von-Sorgen«, so der Name des Palastes. Hier lebte der König jedoch nicht. Nur wenige Jahre nach Fertigstellung der Bauarbeiten wurde er von der Nachricht des Umsturzes in Bangkok überrascht. Nach der Abänderung der absoluten zu einer konstitutionellen Monarchie sah er

sich gezwungen abzudanken. Kurze Zeit später zog er ins Exil nach England, wo er 1941 starb.

Der derzeitige König Bhumibol Adulyadej und seine Königin Sirikit Kitiyakara residieren auch heute noch zuweilen im Palast. Wenn niemand der königlichen Familie anwesend ist, steht der Palast der Allgemeinheit zur Besichtigung offen.

Tgl. 9–16 Uhr (nur in Abwesenheit der königl. Familie) • Eintritt 20 Baht

ÜBERNACHTEN

Sofitel Centara Grand Resort & Villas Hua Hin

Majestätisch logieren • Die ehemalige Sommerresidenz des thailändischen Königs ist heute ein großartiges Kolonialhotel auf einer weitläufigen, direkt an den Strand angrenzenden Gartenanlage mit vier Pools und diversen, erstklassigen Restaurants. Speziell mit den häufig offerierten Rabatten bietet es ein ausgezeichnetes Preis-Leistungs-Verhältnis.

1 Thanon Damnoen Kasem • Tel. 0 32/51 20 21 • www.centralhotels resorts.com • 207 Zimmer • €€€€

Baan Banyan Beachfront Hotel

Geschmackvolles Boutique-Hotel • Sehr schöne Unterkunft mit überschaubarer Größe. Alle Zimmer sind großzügig geschnitten, wobei die im alten Flügel vorzuziehen sind.

119 Thanon Petchakasem • Tel. 0 32/53 35 44 • www.beachfront hotelhuahin.com • 24 Zimmer • €€€

ESSEN UND TRINKEN

Chao Lay

Seafood • Köstliche Meeresgerichte in stilvoller Atmosphäre am Meer.

15 Thanon Naretdamri • Tel. 0 32/ 51 34 36 • €€

Chatchai Market

Nachtmarkt mit viel Atmosphäre • Äußerst günstige und schmackhafte einheimische Küche servieren die zahlreichen Essensstände auf dem lebhaften Nachtmarkt von Hua Hin. Thanon Dechanuchit • €

SERVICE
AUSKUNFT
Tourist Information Center
Thanon Petchkasem • Tel. 0 32/ 47 10 05

Ziele in der Umgebung
◎ **Phra Ratchaniwet Mrigadayavan** ▸ S. 149, D 17

Einen Besuch des inmitten einer ausgedehnten Parkanlage erbauten Palasts sollte man sich keinesfalls entgehen lassen. Der Entwurf des in den zwanziger Jahren des 20. Jh. von Rama VI. in Auftrag gegebenen Baus stammt aus der Feder des italienischen Architekten Ercole Manfredi. Der Teakholzbau besteht aus 16 durch Verbindungswege miteinander vernetzten Villen, die auf über 1000 Betonpfeilern ruhen, und gilt als Meisterwerk klassischer thailändischer Palastarchitektur.
15 km nördl. von Hua Hin

◎ **Khao Sam Roi Yot National Park** ▸ S. 149, D 17

Imposante Landschaftsformationen und ein großes Angebot an Freizeitaktivitäten zeichnen den »300 Bergspitzen-Park« aus. Die landschaftliche Schönheit bildete den Rahmen für den hier gedrehten, mehrfach ausgezeichneten Film »Killing Fields«. Naturwanderungen, Höhlenerkundungen, Vogelbeobachtung, Kayaking, Mangroventouren oder einfach nur die dramatische Landschaft von einem der Strände des direkt am Golf von Thailand gelegenen Parks genießen – der 98 qkm große Khao Sam Roi Yot Nationalpark ist das ideale Terrain für all jene, die ein paar Tage abseits der ausgetretenen Touristenpfade ein noch kaum von Menschenhand beeinflusstes Stück Thailand erkunden möchten.
40 km südl. von Hua Hin

SEHENSWERTES
Khao Daeng Aussichtspunkt

Ein Naturschauspiel besonderer Art ist der circa 30-minütige Aufstieg zum Khao Daeng Viewpoint. Besonders am frühen Morgen und zum Sonnenuntergang bietet sich eine wunderbare Aussicht auf die von den dicht bewachsenen Kalksteinfelsen durchzogene tropische Natur und die schneeweißen Strände des Golfs von Thailand. Untermalt wird das Ganze von den Lauten der Tiere – magisch! Wer noch mehr Energie besitzt, begibt sich auf die etwa zweistündige Wanderschaft zum Khao Krachom, mit 605 m die höchste Erhebung innerhalb des Parks.

Phraya Nakhon und Tham Sai

Von den Höhlen innerhalb der bis zu 600 m hoch aufsteigenden Kalksteinfelsen ist die **Tham** (Höhle) **Phraya Nakhon** die meistbesuchte. Schon König Rama V. war anlässlich seines Besuches 1890 von der Schönheit der Tropfsteinhöhle begeistert. Ihm zu Ehren findet sich eine kleine Statue in einer der Grotten. Für die gut zweistündige Besichtigung sollte man sich mit gutem Schuhwerk und Taschenlampe ausrüsten.
Spektakulär ist auch der Besuch der **Tham Sai**-Höhle. Ein 280 m langer Weg führt ins Innere, wo sich dem

Besucher ein beeindruckender Blick auf die wie eine überdimensionale Kathedrale ausbreitende Höhle mit bis zu 20 m herabhängenden Stalaktiten bietet.

ÜBERNACHTEN

Brassiere Beach

Exklusiv • Stilistisch äußerst gelungenes Boutique-Hotel mit exquisit ausgestatteten Villen am einsamen Cosy Beach.
210 Mu 5, Cosy Beach • www.long beach-thailand.com • 11 Zimmer in 3 Villen • €€

Dolphin Bay Resort 👫

Familienfreundlich • Die beste Unterkunft im Parkbereich an der fast menschenleeren Dolphin Bay mit mehreren Zimmern verschiedener Preisklassen im Haupthaus und einigen Bungalows. Das Resort bietet ein großes Angebot für Familien mit Kindern.
227 Moo 4 Phu Noi Beach • Tel. 0 32/ 55 93 33 • www.dolphinbayresort. com • 56 Zimmer • €€

SERVICE

AKTIVITÄTEN

Die Parkverwaltung und auch alle Unterkünfte bieten Mangroventouren an. Dabei handelt es sich um einstündige Bootstouren (400 Baht) durch den etwa 1,5 km langen Klong Khao Daeng. Die beste Tageszeit hierfür ist frühmorgens und der späte Nachmittag, wenn nicht nur die eindrucksvolle Mangrovenlandschaft im besten Licht erscheint, sondern auch Tausende von Wasservögeln zu beobachten sind. Wer es individueller mag, kann die gleiche Tour mit einem der zu mietenden Kayaks (500 Baht pro Tag) erleben.

AUSKUNFT

Khao Sam Roi Yot National Park

Beim Parkeingang ist eine Eintrittsgebühr von 200 Baht zu zahlen. In diesem Preis inbegriffen ist eine Karte zum Park, in der alle wichtigen Sehenswürdigkeiten verzeichnet sind. Im Park selbst gibt es drei Informationsstellen.
Tel. 0 32/82 15 88

VERKEHR

Am besten, weil flexibelsten bewegt man sich im Park mit dem eigenen bzw. gemieteten Auto fort. Wer kein Auto mieten möchte, kann im Ort Khao Daeng in eines der Taxis steigen.

Khao Lak ▸ S. 150, A 21

Kilometerlange, von Palmen gesäumte Sandstrände, an die 100 Ferienanlagen mit 3500 Betten – im Süden Thailands mehr die Regel denn die Ausnahme. In Khao Lak, einem Ferienzentrum 80 km nördlich von Phuket erscheint dies jedoch wie ein Wunder. Von allen Ferienorten Südthailands wurde Khao Lak am schwersten von der Flutkatastrophe am 26.12.2004 getroffen. Bis zu 10 m hohe Tsunamiwellen ließen ein Bild der Verwüstung zurück. Khao Lak hörte praktisch auf zu existieren. Sinnbild und Mahnmal zugleich für die Zerstörungskraft der Flutwelle ist ein 1 km landeinwärts vom Hafen gestrandetes Patrouillenboot. Heute finden sich jedes Jahr wieder Zigtausende von Touristen aus aller Welt ein. Besonders wohl fühlen sich hier Familien mit Kindern und Senioren aus Deutschland und Skandinavien, die hier als Langzeiturlauber überwintern, um der kalten Jahreszeit zu entgehen.

In der Tham Phraya Nakhon (▶ S. 89) im Khao Sam Roi Yot National Park harren verborgene Höhlenheiligtümer ihrer Entdeckung.

SEHENSWERTES
Strände

Von den fünf Abschnitten entlang des insgesamt 12 km langen Strandes weist der zentrale Khao Lak Beach die beste touristische Infrastruktur auf. Er unterteilt sich in den südlichen Sunset Beach und den nördlichen Nang Thong Beach, der wegen seines weiten Strandes und der ruhigen Gewässer besonders bei Familien mit Kindern beliebt ist. Abgesehen davon, dass das Meer etwas trüber ist, ähnelt der sich nördlich anschließende Bang Niang Beach dem Nang Thong, und entsprechend viele Ferienanlagen sind dort angesiedelt. Durch eine Lagune getrennt folgt der touristisch kaum erschlossene Khuk Khak Beach. Den nördlichen Abschluss bildet der Bang Sak Beach. An dem friedlichen Strand haben sich einige der luxuriösesten Resorts der Region angesiedelt.

ÜBERNACHTEN
Similana Resort

Weltklasse-Boutique-Hotel • Mehrfach als eines der besten Boutique Hotels der Erde ausgezeichnet bietet dieses Resort Ambiente und Service der Extraklasse. Es liegt auf einem kleinen Hügel über dem Strand.
Khuk Khak Beach • Tel. 0 76 48/ 71 66 • 69 Zimmer • €€€€€

Khaolak Orchid Beach Resort

Privathotel als Geheimtipp • Allein deshalb schon ein Geheimtipp, weil es das einzige Hotel am vom Tourismus noch kaum erschlossenen südlichen Teil des Khuk Khak Beach ist. Das Hotel bietet geräumige Zimmer, mehrere Pools, einen sehr freundlichen Service und ist außerdem durch die Alleinlage sehr ruhig.
Khuk Khak Beach • Tel. 0 76 48/ 62 21 • www.khaolakorchid.com • 78 Zimmer • €€€

ESSEN UND TRINKEN

Coconut Grove

Seafood direkt am Strand • Exquisiter Meeresfisch und tolle Aussicht.
Bang Niang Beach • €€

Amanusa

Romantisches Freiluftrestaurant • Direkt am Strand gelegenes Restaurant mit köstlichen Thai-Gerichten.
Bang Niang Beach • €

SERVICE

VERKEHR

Entlang der Thanon Phetkasem verkehren ständig Sammeltaxen zu den einzelnen Strandabschnitten.

Ziele in die Umgebung

◎ **Khao Lak Lamru National Park**　▶ S. 150, A 21

Der nah gelegene Park bietet sich mit seinem 3 km langen Naturpfad als Halbtagsausflug von Khao Lak an.
4 km nördl. des Sunset Beach,
Khao Lak

◎ **Surin Islands Marine National Park**　▶ S. 148, A 20

Zahlreiche Agenturen und fast alle Hotels in Khao Lak bieten mehrtägige Ausflüge in die bezaubernde Wasserwelt des Surin Island Marine National Park an. Neben küstennahen, erst kürzlich entdeckten Korallenriffen und untergegangenen Schiffswracks zieht es die Taucher zu den 60 km vor der Küste gelegenen Similian- und Surin-Inseln.

Ko Phangan ⑨　▶ S. 149, D 20

10 000 Einwohner

»Ko Phangan ist wie Ko Samui vor 15 Jahren« – diesen Satz hört man vielfach von jenen Individualisten, die einige Tage auf der 20 km nördlich von Ko Samui gelegenen Insel verbracht haben. Obwohl mit der Fähre in 30 Minuten zu erreichen, ist die »kleine Schwester« von Ko Samui doch ganz anderer Natur. Während auf Ko Samui seit Mitte der Achtzigerjahre des 20. Jh. gutsituierte Tou-

Ko Phangan braucht sich nicht hinter seiner großen Schwester Ko Samui zu verstecken: Bilderbuchstrand Hat Rin Beach (▶ S. 93), puderzuckerweißer Sand und Traumhotels.

risten das Gros der Reisenden stellen, sind die Rucksacktouristen nach Ko Phangan ausgewichen. Dementsprechend einfacher sind die Unterkünfte, wobei sich speziell an der felsigen Ostküste viele Langzeit-traveller in äußerst spartanischen Hütten niedergelassen haben.

Nach wie vor ist das im Inselinneren bergige und dichtbewachsene Phangan mit seinen coolen Strandbars, Discos, Alternativläden, Meditationszentren und vor allem den inzwischen weltberühmten Full Moon Parties ein Eldorado der Rucksacktouristen. Doch die Zeiten ändern sich. Einhergehend mit den in den letzten Jahren astronomisch gestiegenen Grundstückspreisen auf Ko Samui ist die mit 193 qkm fünftgrößte Insel Thailands zu einer interessanten, weil noch deutlich billigeren Alternative für Tourismusmanager geworden. Dies umso mehr, da sich das Eiland mit seinen Bilderbuchstränden in keinster Weise vor seiner großen Schwester im Süden verstecken muss.

SEHENSWERTES
Strände

Unzählige, wildromantische Buchten mit Strohhütten bis hin zu breiten Sandstränden mit First Class-Resorts, Edelrestaurants und einem brummenden Nachtleben – Ko Phangan hat für jeden Geschmack und jede Brieftasche etwas zu bieten. Unbestrittener Star unter den Stränden der Insel ist der im Süden gelegene **Hat Rin Beach**. Über 300 Bungalowanlagen wollen von der Attraktivität des von Felsen eingefassten, puderzuckerweißen Strandes profitieren. Ähnlich wie auf Ko Samui hat sich eine weitgefächerte Freizeitin-

dustrie breitgemacht, wie die unzähligen Restaurants, Bars und Reisebüros erkennen lassen. Berühmt-berüchtigt ist der feinsandige Hat Rin Beach jedoch vor allem für seine monatlichen Full Moon Parties. Strandhütten statt Boutique Hotels, Rastalocken statt Spas und Yogazentren statt Discos bestimmen das Bild der von zahlreichen Klippen geprägten Ostküste. Die Strände **Hat Yuan** und **Hat Thian** sind allerdings nur per Boot oder entlang eines Waldpfades zu erreichen. Deutlich touristischer geht es da bereits wieder an den sich nördlich hiervon anschließenden Stränden **Thong Nai Paan Yai** und **Paan Noi** zu. Der isoliert im Norden der Insel gelegene Bottle Beach ist wie der **Hat Rin Beach**, sein berühmter Bruder im Süden, eine Postkartenschönheit. Dennoch zieht es hierher eher Ruhesuchende. Die Strände der Westküste sind im Vergleich zum Rest des Landes weniger attraktiv. Einzige Ausnahme hiervon bildet der **Hat Yao Beach**.

ÜBERNACHTEN
Drop In Club Resort & Spa

Traditionell und modern • Die im traditionellen Thai-Stil erbauten Bungalows bieten alle modernen Annehmlichkeiten.
Hat Rin Beach • Tel. 0 77 37/54 44 • www.dropinclubresortandspa.com • 46 Bungalows • €€€

Harmony Beach Resort

Gutes Preis-Leistungs-Verhältnis • Einfache, aber gut geführte Anlage am Hang mit nur 17 Bungalows von denen sich herrliche Aussichten auf die Bucht genießen lassen.
Hin Lor Beach • Tel. 0 86/8 85 55 09 • 17 Bungalows • €

WUSSTEN SIE, DASS ...

... der Name »Siamesische Zwillinge« vom Zwillingspaar Chang und Eng Bunker (1811–1874) stammt, die in Thailand geboren wurden und als Jahrmarktsattraktion um die Welt reisten? Die Brüder heirateten zwei Schwestern und zeugten mit ihnen insgesamt 18 Kinder.

ESSEN UND TRINKEN

The Shell

Italienische Köstlichkeiten • Wen es zur Abwechselung mal wieder nach Ravioli, Gnocchi, Pizza und Tiramisu gelüstet, und das alles in sehr romantischer Gartenatmosphäre, der ist hier genau richtig.
Hat Rin • Tel. 0 77 37/ 51 26 • €€€

The Village Green

Internationale Küche • Ausgefallene thailändische und internationale Gerichte aus der ganzen Welt zu äußerst günstigen Preisen – den romantischen Blick von der Terrasse aufs Meer inbegriffen.
Chao Phao Beach • €€€

AM ABEND

Amsterdam

Bei Einheimischen und Touristen beliebte Strandbar. Ein idealer Spot um bei einem Cocktail den Sonnenuntergang zu genießen.
Ao Plaay Laem • Tel. 0 77 23/84 47

Cactus Bar

Eine der zahlreichen angesagten Bars entlang des Hat Rin Strandes, die nicht nur zu den Vollmondparties gerammelt voll ist.
Hat Rin Beach • Tel. 0 77 37/53 08

SERVICE
AKTIVITÄTEN
Full Moon Parties

Ko Phangans sagenhafter Ruhm als Partyinsel rührt von den berühmtberüchtigten Full Moon Parties am Hat Rin Beach her. Speziell während der Wintermonate November bis März strömen jeden Monat zum Vollmond bis zu 30 000 Vergnügungssüchtige zu diesem inzwischen weltberühmten Spektakel. Zu den megalauten Klängen von Techno bis Reggae tanzen dann Jugendliche aus der ganzen Welt um die Wette. Der einzigartige Erfolg der »biggest beach party in the world« (und der damit zu machende Profit) hat in den letzten Jahren zur Gründung von Black Moon (Neumond) und Half Moon (Halbmond) Parties am Ban Kai Beach geführt. Leider versuchen auch viele Langfinger und zwielichtige Gestalten Profit aus dem Massenauflauf zu ziehen. Traditionsgemäß sind die Zimmereinbrüche besonders in Unterkünften der unteren Preisklassen während der Vollmondnächte häufig. Drogen- und Alkoholkonsum führen jedes Jahr zu unzähligen Toten durch Ertrinken im Meer. Selbst Überfälle auf alleinreisende Frauen sind keine Seltenheit mehr.

VERKEHR

Von Thong Sala fahren Songthaews zu allen Stränden (außer Ostküste und Bottle Beach). Die Preise liegen zwischen 60–160 Baht.
Ein Longtailboot von Thong Sala zum Hat Rin Beach kostet zwischen 150 und 180 Baht.
Mietwagen und Motorräder werden von diversen Anbietern für 900/150 Baht pro Tag angeboten.

Ko Phayam ⑩ ▸ S. 148, B 20

Abgeschiedenheit kann auch Vorteile haben. Klammheimlich scheint sich das 30 qkm kleine Eiland an der äußersten nördlichen Ecke der thailändischen Andamanküste versteckt zu haben. Von Geheimtipp traut man sich gar nicht zu sprechen, schwebt da doch immer auch die Angst mit, dass es genau durch die Erwähnung mit dem unverfälschten Charme der Insel bald zu Ende sein wird. Dennoch, das Eiland mit seinen gerade einmal 500 Einwohnern hat sich noch sehr viel von seinem ursprünglichen Charme bewahrt. Nachtschwärmer sind hier fehl am Platz, spätestens um 21 Uhr werden die nicht vorhandenen Bürgersteige hochgeklappt und der Generator ausgestellt – back to Mother Nature.

ÜBERNACHTEN

Buffalo Bay Vacation Club 👤👤

Familienorientiert • Hübsche Anlage direkt am Strand mit Bungalows unterschiedlicher Ausstattung. Für Familien mit Kindern geeignet.
51/3 Ao Khao Kwai • Tel. 0 85/ 1 07 94 73 • www.buffalobayclub. com • 22 Bungalows • €€

Phayam Coconut Beach Resort

Preiswert in schöner Lage • Einfache, aber ausreichend große Bungalows in Palmenhainen, nur wenige Schritte vom Strand entfernt.
Ao Yai • Tel. 0 89/9 20 81 45 • www.koh-phayam.com • 14 Bungalows • €

ESSEN UND TRINKEN

German Bakery

Köstliche Backwaren und mehr • Weit mehr als eine Bäckerei. Die Backwaren, die dort angeboten werden, sind köstlich, doch darüber hinaus kann man sich an den leckeren Pizzen und einheimischen Gerichten laben.
Ko Phayam Village

SERVICE
VERKEHR

Das Hauptverkehrsmittel auf der Insel Ko Phayam sind Motorradtaxis, die einen von der Bootsanlegestelle zu den verschiedenen Bungalowanlagen bringen. Wer sich individuell auf der Insel fortbewegen will, kann in jeder Hotelanlage auch Motorradtaxis mieten (200 Baht pro Tag).

Ko Samui ▸ S. 149, D 20

40 000 Einwohner
Karte ▸ S. 97

Wie schnell die touristische Entwicklung Thailands in den letzten Jahrzehnten verlaufen ist, veranschaulicht die rasante Erfolgsgeschichte von Thailands drittgrößter Insel Ko Samui. Die Zeit, als die ersten Touristen mit einem kleinen Holzboot von Bangkok kommend anlandeten, scheint angesichts der heute über eine Million Touristen, die jährlich das Inselparadies an der Südostküste Thailands besuchen, geradezu Lichtjahre entfernt.

Dabei hat die touristische Entdeckung erst 1971 stattgefunden. War die über weite Strecken gebirgige und von Millionen von Kokospalmen bewachsene Tropeninsel bis Ende der Achtzigerjahre des 20. Jh. noch ein vornehmlich von Rucksacktouristen bevorzugtes Ziel, so taucht das Eiland seither in fast allen Katalogen der großen Reiseveranstalter auf. Einen entscheidenden Anteil an dieser Entwicklung hat sicherlich der im Jahr 1988 eröffnete

Flughafen, durch den sich die sehr zeit- und nervenaufreibende Anreise von Bangkok auf eine Stunde verkürzt hat. Natürlich gehören mit den täglich einfliegenden Touristen die geruhsamen Zeiten der Vergangenheit an, und viele der ehemals so typischen einfachen Holzhütten müssen modernen Bungalowanlagen Platz machen. Sonnenhungrige aus aller Welt bevölkern vornehmlich in den Monaten Dezember bis Februar und Juli/August die zehn Hauptstrände dieses Inseljuwels.

Besonders an den Wochenenden und zu thailändischen Feiertagen erholen sich zudem Tausende Einheimischer auf Ko Samui. Die Bewohner der 247 qkm großen Insel haben in den letzten Jahrzehnten einen immensen Wandlungsprozess miterlebt, wobei gerade die Jugendlichen bei der Konfrontation mit den weitaus lockereren Sitten der westlichen Touristen enormen Spannungen ausgesetzt sind.

Positiv muss jedoch vermerkt werden, dass man aus Fehlern anderer Lehren gezogen hat und erfolgreich bemüht ist, den Bau riesiger Betonburgen zu verhindern. So hat die Insel trotz aller negativen Folgen, die sich vor allem an den Hauptstränden an der Ostküste, **Chaweng** und **Lamai**, zeigen, immer noch erstaunlich viel von ihrem ursprünglichen Charme und ihrer Authentizität bewahren können. Zudem liegt das Preisniveau verglichen etwa mit Phuket deutlich niedriger.

Achtung: Bei der Urlaubsplanung sollte man unbedingt bedenken, dass Ko Samui zwischen November und Januar wegen des Südwestmonsuns die höchsten Niederschläge im ganzen Jahr zu verzeichnen hat.

SEHENSWERTES

Big Buddha
▶ S. 97, c 1

Äußerst malerisch auf einer kleinen, über einen Damm mit der Ringstraße verbundenen Insel thront auf einem Hügel der 12 m hohe Buddha. Die Verkaufsbuden zu Füßen dieses Ausflugsziels sind nicht jedermanns Geschmack, doch dafür entschädigt der hervorragende Ausblick.

Na Muang Waterfall
▶ S. 97, b 2

Ein Ausflug zu diesem im Zentrum der Insel gelegenen Wasserfall bietet sich für all jene an, die das faule Strandleben einmal kurz unterbrechen wollen. Ein Pool des über verschiedene Stufen herabstürzenden Wasserfalls bietet die Möglichkeit zur Abkühlung. Die Wasserfälle sind nur mit dem eigenen Transportmittel (Motorrad oder Mietwagen) erreichbar. Von Nathon kommend fährt man die Ringstraße Richtung Nordosten. Nach ca. 8 km weist in kleines Hinweisschild nach rechts in eine Stichstraße, die nach weiteren 3 km am Wasserfall endet.

Nathon
▶ S. 97, a 1

Der Tourismusboom hat auch das Gesicht des an der Westseite der Insel gelegenen Hauptortes mit seinen 10 000 Einwohnern deutlich verändert. Moderne Bankgebäude, klimatisierte Schmuckgeschäfte, Reisebüros und Supermärkte bestimmen mehr und mehr das Bild. Wer sich jedoch nur wenige Meter von den Hauptverkehrsstraßen in die Gassen begibt, wird immer noch den alten Charme des Fischerdorfes erleben. Noch gibt es sie, die kleinen Holzhäuschen mit Läden, in denen vor allem Waren für die einheimische Bevölkerung feilgeboten werden. Als ein sympathisches Relikt aus alten Zeiten erscheint auch der äußerst lebhafte, von einem Holzdach geschützte Markt der Stadt.

ÜBERNACHTEN

Baan Chaweng Beach Resort

▶ S. 97, c 2

Macht viel her • Eine gelungene Synthese aus modernen und traditionellen Elementen in einer Anlage, die First-Class anmutet, aber Mittelklasse-Preise verlangt.
Chaweng Beach • Tel. 0 77/42 24 03 • www.baanchawengbeachresort.com • 55 Zimmer, 39 Bungalows • €€€

Rocky's Boutique Resort

▶ S. 97, b 3

Rundum gelungen • Exklusiv eingerichtete Zimmer, gehobenes, doch gleichzeitiges relaxtes Ambiente, toller Pool – ein sehr niveauvolles Hotel.
Hua Thanon • Tel. 0 77/41 83 67 • www.rockyresort.com • 34 Bungalows • €€€

L'Hacienda

▶ S. 97, b 1

Sehr geschmackvoll • Spanisch inspiriertes Design. Individuell eingerichtete Zimmer.
Bo Phut Beach • Tel. 0 77/24 59 43 • www.samui-hacienda.com • 8 Zimmer • €€

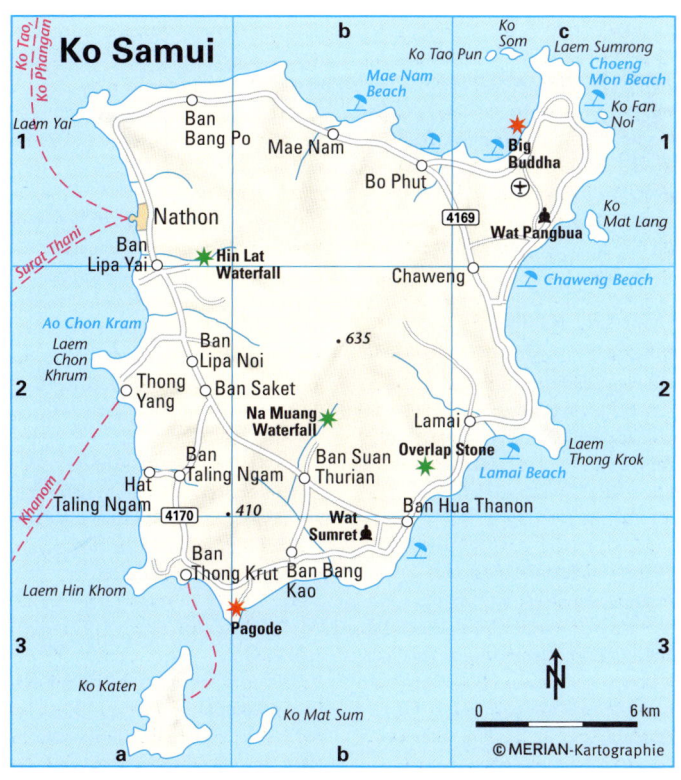

Tamarind Resort ▸ S. 97, c 2

Gutes für den Körper • Das auf einem Hügel zwischen Chaweng und Lamai gelegene Hotel überzeugt durch seine gelungene Architektur und sein ausgezeichnetes Spa- und Massagezentrum.

Thong Takian • Tel. 0 77/42 42 21 • www.tamarindretreat.com • 8 Bungalows • €€

Jungle Park Hotel ▸ S. 97, c 2

Klein, aber fein • Familiäre, von Franzosen geführte Anlage mit hübschen Bungalows direkt am Strand; sehr gute thai-französische Küche.

Hat Lamai • Tel. 0 77/42 41 10 • www.jungle-park.com • 44 Bungalows • €

Samui Reef View Resort
▸ S. 97, b 2

Gutes Preis-Leistungs-Verhältnis • Einfache, aber gepflegte Bungalows in einem freundlichem Resort.

404/23 M.1 T. Maret • Tel. 0 77/41 92 42 • www.samui-reefview.com • 15 Zimmer • €

ESSEN UND TRINKEN

Poppies ▸ S. 97, c 2

Alteingesessen • Ambiente wie Speisen dieses Ablegers des berühmten Bali-Restaurants sind Spitzenklasse.

Tambon Bo Phut, Chaweng Beach Road, 28/1, Moo 3 • Tel. 0 77/42 24 19 • €€€€

Tamarind Restaurant ▸ S. 97, b 1

Fusion-Küche • Sehr elegantes Restaurant, das pazifisch-asiatische Küche bietet. Die umfangreiche Weinkarte rundet den hervorragenden Gesamteindruck ab.

Tambon Bo Phut, 91/2–3, Moo 3 • Tel. 0 77/42 20 1 • €€€€

Baan Thai Food Garden & Antique House ▸ S. 97, c 1

Vollendet Thai • Köstliche thailändische Gerichte entweder im tropischen Gartenrestaurant oder aber in der stilvollen antiken Villa.

Tambon Bo Phut, Chaweng Beach, 157, Moo 2 • Tel. 0 77/23 11 23 • €€€

Bird In The Hand ▸ S. 97, b 1

Seafood vom Feinsten • Hervorragendes Seafood-Restaurant direkt am Meer.

Bo Phut, Uferstraße • €€€

Prego ▸ S. 97, c 2

Edel-Italiener • »Samui's coolest Italian restaurant« überzeugt nicht nur durch elegantes Design, sondern auch durch vorzügliche Pizzen sowie Nudel- und Fischgerichte.

Chaweng Beach • Tel. 0 77/42 20 15 • www.amari.com • €€€

Betel Nut ▸ S. 97, c 2

Fusion mit Pfiff • Hervorragende asiatische, aber auch europäische Gerichte zu vernünftigen Preisen, serviert in einem ausgesprochen netten Ambiente.

Chaweng, Soi Colibri • Tel. 077/41 33 70 • €€

The Terrace ▸ S. 97, c 2

Cooles Design • Ein architektonisch ansprechendes Restaurant mit raffinierten Thai-Gerichten.

Hat Lamai, Uferstraße • €€

AM ABEND

Full Circle ▸ S. 97, c 1

Angesagter Technoclub mit modernem Design. Besonders günstig ist es zur Happy Hour von 18–21 Uhr.

Hat Chaweng

Abendstimmung am Strand von Chaweng (▶ S. 96) auf Ko Samui. Die Dämmerung taucht den 26 km langen Traumstrand in rosa schimmerndes Licht.

Sound Bar   ▶ S. 97, c 2

Angesagte Disco mit diversen Bars und internationalen DJ's.
Chaweng, Soi Green Mango

SERVICE
AUSKUNFT
TAT (auch Polizei)   ▶ S. 97, a 1

Baan Don, 5 Thann Talad Mai , A. Muang • Tel. 077/28 88 18

MEDIZINISCHE VERSORGUNG
Samui International Hospital

▶ S. 97, c 2

Tel. 077/23 07 81

VERKEHR
Die Strände sind mit den Songtaews (Preise 50–100 Baht), die ständig entlang der Ringstraße fahren, erreichbar. Motorräder (250 Baht/Tag) und Jeeps (1000 Baht) sind vielerorts zu mieten. Achtung: Motorradfahren in Thailand ist nicht ungefährlich.

Ko Tao   ▶ S. 149, D 20

Abtauchen und eintauchen ist das Motto der Touristen aus aller Welt, die sich für einen Urlaub auf der 8 km langen und 3 km breiten »Schildkröteninsel« entschieden haben. Zwar kann auch das zwei Fährstunden nördlich von Ko Samui gelegene Eiland mit kilometerlangen, schneeweißen Sandstränden aufwarten, doch seine eigentliche Attraktion liegt unterhalb des Meeresspiegels. Mit dem glasklaren Wasser und zum größten Teil noch intakten Korallenriffen gilt es als eines der besten Tauchgebiete der Erde.

Weltklasse will man sich nicht entgehen lassen, und so tauchen und schnorcheln jährlich 100 000 Unterwasserenthusiasten durch die maritime Märchenwelt. Dass dieser Ansturm seine negativen Spuren hinterlässt, verdeutlichen unter anderem die wenig ansehnlichen

Müllberge im Inneren der Insel. Auch die ruhigen Zeiten ohne Luxusanlagen, Supermärkte und Musikvideos gehören der Vergangenheit an. Trotz allem ist die Insel mit ihren zahllosen Buchten nach wie vor auch für Ruhe- und Naturliebhaber ein sehr lohnenswertes Ziel.

ÜBERNACHTEN

Thipwimarn Resort

Eine Anlage zum Genießen • Geschmackvoll in den tropischen Hang gebaute Anlage mit eleganten Bungalows aus Naturmaterialien. Ein Pool und ein ausgezeichnetes thailändisches Restaurant sind weitere Pluspunkte.
16/7 Haad Sairee • Tel. 0 77/ 45 64 09 • www.thipwimarnresort. com • 22 Bungalows • €€

Sensi Paradise Resort

Große Auswahl • Stilvolle Bungalows in verschiedenen Preisklassen und mit privater Terrasse.

Hat Ao Mae • Tel. 0 77/45 62 44 • www.kohtaoparadise.com • 35 Bungalows • €

ESSEN UND TRINKEN

Cafe de Sol

Mit italienischem Akzent • Der Schwerpunkt liegt auf italienischer Küche, doch die Speisekarte bietet eine Vielzahl weiterer internationaler und einheimischer Gerichte. Freitags ist Sushi-Night.
Ban Mae Hat • €€

Papa's Tapas

Edelspanier • Spanisches Spitzenrestaurant mit eleganter Atmosphäre. Speisen und Ambiente auf internationalem Niveau. Sehr authentisch.
Sai Ri Beach • Tel. 0 77/45 70 20 • www.papas-tapas.net • €€

AM ABEND

In Touch

Mit seinen stilistisch sehr gelungenen Ebenen direkt am Strand ist dies

Der Big Buddha (► S. 96), mit 12 m Höhe Ko Samuis »größte« Attraktion, steht auf der kleinen Insel Koh Faa und ist von der Hauptinsel über einen Damm zu erreichen.

einer der beliebtesten Szenetreffs der Insel. Mittwoch und Samstag sind Party Nights.

Sai Rai

SERVICE

MEDIZINISCHE VERSORGUNG
Bangkok Samui Hospital

Hat Sai Ri • Tel. 0 77/42 95 00

SPORT
Tauchen

Über 40 Tauchschulen buhlen um die Gunst von jährlich Tausenden von Tauchern. Der Konkurrenzdruck bringt den Vorteil, dass Qualität und Preise ausgezeichnet sind. Eingeschlossen sind Ausrüstung, Lehrer, Boot und Snacks während des Tages. Wer seine eigene Ausrüstung mitbringt, erhält gewöhnlich einen Rabatt von 20–30%.

Crystal Dive

Mae Hat • Tel. 0 77/45 6107 • www.crystaldive.com

VERKEHR

Sammeltaxis fahren entlang der Inselstraßen. Für die Strecke vom Hauptort Sai Ri nach Chalok Ban Kao im Inselsüden werden 50 Baht verlangt. Doppelt so viel, wenn man die gleiche Strecke allein zurücklegt. Zahlreiche Anbieter verleihen Motorräder. Man sollte jedoch auf schlechte Straßenverhältnisse, kurvige Strecken und geringe Beleuchtung gefasst sein. Einer der bekanntesten Anbieter muss hier allein schon wegen seines originellen Namens erwähnt werden:

Lederhosenbikes

Mae Hat • Tel. 08 17 52/89 94 • www.lederhosenbikes.com

Krabi ▶ S. 150, B 22

25 000 Einwohner

Die kleine Provinzhauptstadt, etwa auf gleicher Höhe wie Phuket am östlichen Festland gelegen hat in den letzten Jahren einen enormen wirtschaftlichen Aufschwung genommen. Grund ist hier wie so häufig im Süden Thailands der boomende Tourismus. Anziehungspunkt des internationalen Publikums ist jedoch nicht die Stadt selbst, sondern die märchenhaft schöne Umgebung mit einer Ansammlung von fast schon surreal schönen Postkartenmotiven. Die sich nördlich und südlich von Krabi erstreckenden Strände zählen zu den schönsten Thailands, und die der Küste vorgelagerten Inseln zieren die Titelbilder zahlreicher Reisemagazine. Zudem bietet sich die üppige Natur für eine Vielzahl erstklassiger Freizeitaktivitäten wie Tauchen, Kayaking, Felsklettern und Höhlenwandern an, was vor allem Aktivurlauber anzieht.

SEHENSWERTES
Strände

Ein ganzer Bildband ließe sich mit den Traumstränden südlich und nördlich von Krabi füllen. Als »best of the best« gelten der **Rai Leh** und **Tham Phra Nang Beach** 🔺**1**. Allein die Fahrt mit den Longtailbooten ist einzigartig. Beim Anblick des türkisblauen Meers mit den schneeweißen Stränden und dem von dichter Vegetation überwucherten Kalksteinformationen im Hinterland fühlt man sich in eine Märchenwelt versetzt. Kein Wunder, dass diese Region für mehrere Folgen der Fernsehserie »Traumschiff« den Rahmen bildete. Viele der hier in den letzten Jahren entstandenen Bungalowanlagen sind

MERIAN-Tipp **8**

FELSENKLETTERN ▶ S. 150, B 22

Neben seinen Weltklassestränden zieht die Umgebung von Krabi jedes Jahr Tausende meist junge Leute aus der ganzen Welt wegen seiner dramatischen Felsformationen an. Mit über 600 ausgewiesenen Routen und traumhaften Aussichten in die Bilderbuchlandschaft gilt Krabi als eine der Topdestinationen für Felsenkletterer weltweit. Die Kurspreise der überall zu findenden Kletterschulen sind stets ähnlich: Ein Halbtageskurs schlägt mit 1 000 Baht zu Buche, für einen Ganztageskurs zahlt man inklusive Ausrüstung etwa 1 800 Baht.

Krabi

in malerischen, von steilen Felsformationen umgebenen Buchten gelegen und sind so nur per Boot zu erreichen. Ob Luxusreisender oder Rucksacktourist – jeder findet hier sein Plätzchen.

ÜBERNACHTEN
Ao Nang Villa Resort
Fantastische Naturkulisse • Die sehr schöne Anlage befindet sich vor einer traumhaften Szenerie, mit hübschen Zimmern im Haupthaus bzw. einzelnen Bungalows.
Ao Nang Beach • Tel. 0 75/63 72 70 • www.aonangvillaresort.com • 76 Zimmer • €€€

Sand Sea Resort
Gutes Preis-Leistungs-Verhältnis • Die einfachen, aber ordentlichen Bungalows liegen an einem schönen Strandabschnitt. Zur Hotelanlage gehört ein gutes Restaurant.
Rai Leh Beach • Tel. 0 75/61 19 44 • 55 Zimmer • €

ESSEN UND TRINKEN
Reuan Mai
Inmitten einer Traumkulisse • Köstliche, authentische Thai-Gerichte werden in stilvoller Atmosphäre serviert. Das Restaurant liegt inmitten eines Bambushains.
Thanon Maharat • Tel. 0 75/63 17 97 • €

Salathai
Meeresfrüchte vom Feinsten • Das Lokal bietet internationale Küche mit Schwerpunkt auf Meerestieren. Zu den köstlichen Gerichten gibt es eine großartige Panoramaaussicht gratis dazu.
132 Moo, Ao Nang • €

SERVICE
AUSKUNFT
Krabi Tourist Association
289/22 Thanon Uttarakit • Tel. 0 75 62/39 44

VERKEHR
Tuk-Tuks und Songthaews verkehren regelmäßig zwischen Ao Nang und Krabi Town (50 Baht).
Von Krabi zu den Hauptstränden Ao Nang, Rai Leh und Phra Nang je nach Nachfrage Longtailboote (100 Rs).

Ziel in der Umgebung
◎ Khao Phanom Bencha National Park ▶ S. 150, B 22
Dieser 50 qkm große Park liegt im Bereich des Phanom Bencha Gebirgszuges in der Provinz Krabi. Der natürliche Wald ist reich an Mangroven und Kassia. Der Khao Phanom

Bencha ist mit 1.350 m die höchste Erhebung in Krabi. Geschützt durch seinen fruchtbaren immergrünen Wald können hier wilde Tiere leben, von denen man teilweise angenommen hatte, sie seien bereits ausgestorben. Die Gebirge sind Krabi-typisch: surreale Karstformationen mit steilen Klippen. Trotz seiner geringen Größe ist der Park eine wichtige Schutzzone für 156 bestätigte Vogelarten. Darunter sind der Malayische Argusfasan, der Weißgekrönte Helmhornvogel und der seit 1914 ausgestorben geglaubte Gurney's Pitta. Unter den 32 Arten von Säugetieren befindet sich der Asiatische Schwarzbär, der Malaienbär, Leoparden, Tiger, Hirsche und Gibbons. Eine ungefähr 10 m im Berg liegende Grotte und das davor liegende Süßwasserbecken laden zum Baden und zum Entspannen ein.

Phuket ▶ S. 150, A/B 22

180 000 Einwohner

Karte ▶ S. 105

Phuket, mit 592 qkm die größte Insel des Landes, ist so etwas wie die »Grande Dame« des thailändischen Tourismus. Bereits Anfang der Siebzigerjahre, als Thailand noch eher einen weißen Fleck auf der touristischen Landkarte darstellte, setzte man hier bereits voll auf den Fremdenverkehr. Inzwischen besuchen jährlich über zwei Millionen Besucher, weniger Individualreisende als vornehmlich Pauschaltouristen, die tropische Insel. Phuket Town, der rund 70 000 Einwohner zählende Hauptort der Insel, hat sich gänzlich dem Tourismus untergeordnet – eine Bettenburg reiht sich an die nächste, dazwischen Supermärkte, Restaurants und Bars, die Vergnügungssüchtige aus aller Welt heimsuchen.

Wildromantische Küste bei Krabi (▶ S. 101): Rai Leh Beach, einer der »rekordverdächtig« schönen Strände. Seine Lage zu Füßen der Felswand macht ihn so reizvoll.

Ganz ähnlich sieht es am **Patong Beach**, dem Hauptstrand Phukets, aus. An sich sehr schön, nimmt man ihn ob all der Strandverkäufer und lärmenden Abwechslungen wie Water Scooter, Drachenflieger oder Bungeejumping kaum noch wahr. Viele andere Strände entlang der Westküste bieten trotz der Veränderungen der letzten Jahre immer noch die Möglichkeit zu einem erholsamen Tropenurlaub. Dies gilt vor allem für die **Nai Harn-Bucht, Karon, Kamala, Laem Singh** (keine Unterkünfte in Strandnähe) und **Bang Tao**.

Tourismus, Zinnabbau und der Anbau von Kautschuk haben Phuket zur wohlhabendsten der 73 Provinzen Thailands gemacht. Deshalb liegt das Preisniveau höher als in anderen Orten des Südens. Allerdings bietet auch kein anderer Ferienort des Südens ein so breites Angebot. Schließlich sei noch erwähnt, dass das scheinbar vollkommen auf Massentourismus getrimmte Phuket für all jene, die ein wenig Eigeninitiative mitbringen, viel Raum für individuelle Entdeckungen aufweist. So bietet sich beispielsweise das hügelige und kaum bewohnte Inselinnere für Wandertouren an.

SEHENSWERTES

Fantasea ▸ S. 105, a 4

Dieser 60 Mio. $ teure Themenpark nördlich von Kamala Beach wurde 1999 eröffnet und ist die größte Touristenattraktion der Insel. Allein das 4000 Personen fassende **Golden Kinaree Restaurant** verdeutlicht die Ausmaße. Auf der Bühne des **Palace of Elephants** wird abends die imposante Bühnenshow »Fantasy of a Kingdom« aufgeführt. Dieses etwa 75 Minuten dauernde Spektakel bietet einen Überblick über thailändische Kultur und Geschichte und ist mit Tanz, Musik, Akrobatik und Stunts angereichert.
Kamala • Tel. 076/27 12 22 • www.phuket-fantasea.com • tgl. 17.30–22.30 Uhr

Khao Phra Thaeo National Park 👫 ▸ S. 105, b 2/3

In dem 22 qkm großen Nationalpark kann man einen nahezu unberührten tropischen Regenwald erleben. Mit etwas Glück entdeckt man zwischen den hohen Bäumen diverse Affenarten, Warane und Antilopen. Besonders interessant ist das Gibbon Rehabilitation Centre, in dem Affen, die unter unwürdigen Bedingungen als Haustiere gehalten wurden, wieder auf das Leben in Freiheit vorbereitet werden.

Phuket Marine Biological Park ▸ S. 105, c 6
▸ Familientipps, S. 31

Phuket Town ▸ S. 105, b/c 4/5

Die mit 70 000 Einwohnern größte Stadt der Insel wird von den meisten Touristen, wenn überhaupt, nur besucht, um Einkäufe zu erledigen. Dieses administrative und kommerzielle Zentrum bietet jedoch einige interessante Überbleibsel aus der portugiesischen Kolonialzeit, deren Architektur von den zu Reichtum gelangten chinesischen Einwanderern kopiert wurde. Ein gutes Beispiel hierfür stellen die Gebäude des Gerichts und der Provinzverwaltung dar, in denen Szenen für den Film »Killing Fields« gedreht wurden. Besonders frühmorgens, wenn die Sonne auf die reich verzierte Vorderfront fällt, lohnt ein Besuch von **Kwanim Teng** und **Chui Tui**, der schönsten

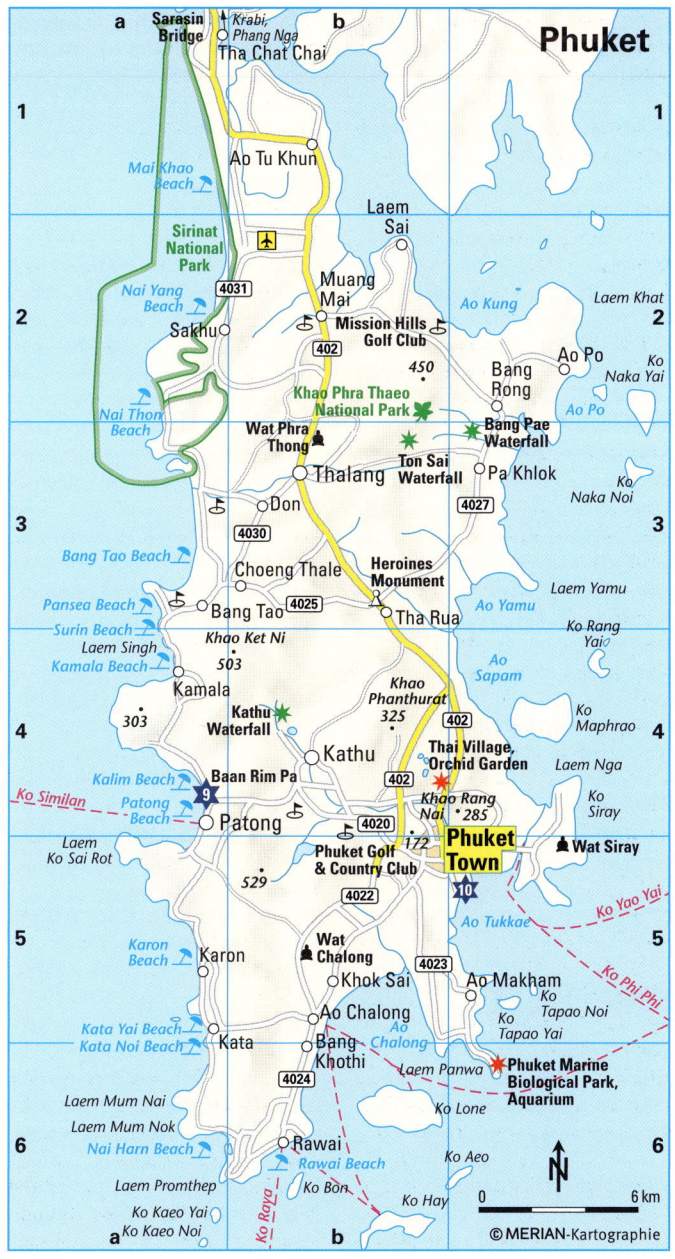

Phuket

Sarasin
Bridge
Krabi,
Phang Nga
Tha Chat Chai

Mai Khao
Beach

Ao Tu Khun

Laem
Sai

Sirinat
National
Park

Nai Yang
Beach

4031

Muang
Mai

Ao Kung

Laem Khat

402

Sakhu

Mission Hills
Golf Club

450

Bang
Rong

Ao Po

Ko
Naka Yai

Ao Po

Nai Thon
Beach

Khao Phra Thaeo
National Park

Wat Phra
Thong

Thalang

Ton Sai
Waterfall

Bang Pae
Waterfall

Pa Khlok

Ko
Naka Noi

Don

4030

Bang Tao Beach

Choeng Thale

4025

Heroines
Monument

4027

Laem Yamu

Pansea Beach

Bang Tao

Tha Rua

Ao Yamu

Ko Rang
Yai

Surin Beach

Laem Singh

Khao Ket Ni

Ao
Sapam

Kamala Beach

503

Khao
Phanthurat
325

Kamala

303

Kathu
Waterfall

Kathu

Thai Village,
Orchid Garden

402

Ko
Maphrao

Laem Nga

Kalim Beach

Ko Similan

Baan Rim Pa

9

Patong
Beach

Patong

4020

402

Khao Rang
Nai   285

172

Phuket
Town

Ko
Siray

Wat Siray

Laem
Ko Sai Rot

Phuket Golf
& Country Club

529

4022

10

Ao Tukkae

Ko Yao Yai

Karon
Beach

Karon

Wat
Chalong

4023

Khok Sai

Ao Makham

Ko Phi Phi

Kata Yai Beach

Kata Noi Beach

Kata

Ao Chalong

Bang
Khothi

Ao
Chalong

Laem Panwa

Ko
Tapao Noi

Ko
Tapao Yai

Phuket Marine
Biological Park,
Aquarium

Laem Mum Nai

4024

Ko Lone

Laem Mum Nok

Nai Harn Beach

Rawai

Rawai Beach

Ko Aeo

Laem Promthep

Ko Raya

Ko Bon

Ko Hay

0   6 km

Ko Kaeo Yai

Ko Kaeo Noi

N

© MERIAN-Kartographie

chinesischen Tempel der Stadt an der Kreuzung Soi Phuthon/Thanon Ranong. Gegen Sonnenuntergang empfiehlt sich der Aufstieg zum **Khao Rang**, von dem sich ein schöner Blick über die Stadt bietet.

Wat Chalong ▶ S. 105, b 5

Dieser buddhistische Tempel ist zwei Mönchen gewidmet, die 1876 zur Beendigung eines Aufstandes chinesischer Minenarbeiter beitrugen.
Ca. 8 km südwestlich von Phuket Town

ÜBERNACHTEN

Amanpuri ▶ S. 105, a 3

Trendsetter • Stilvolle Luxusanlage, Prototyp und Vorreiter des sog. Ethno-Modernismus. Viel Platz (mindestens 115 qm pro Bungalow) mit edler, aber minimaler Ausstattung.
Pansea Beach • Tel. 076/32 43 33 • www.amanresorts.com/puri/home. htm • 30 Bungalows • €€€€

Banyan Tree Phuket ▶ S. 105, a 3

▶ grüner reisen, S. 19

Dusit Laguna Phuket ▶ S. 105, a 3

Bei Familien beliebt • Als Mitglied des exklusiven Clubs »Leading Hotels of the World« bietet das nur

---

MERIAN-Tipp 9

BAAN RIM PA ▶ S. 105, a 4

Die einzigartige Lage oberhalb eines Kliffs und die exquisite Thai-Küche haben das Baan Rim Pa zu einer der besten Adressen Phukets gemacht.
Phuket • Tel. 0 76/34 40 79 • €€€€

---

20 Min. vom Flughafen entfernte Dusit Laguna allen erdenklichen Luxus. Besonders bei Familien und Paaren beliebt.
Bang Tao Beach • Tel. 0 76/32 43 24 • www.phuket.dusit.com • 226 Zimmer • €€€€

The Chedi ▶ S. 105, a 4

Garten Eden • An einem der schönsten Strände der Insel gelegen, bieten die inmitten eines Kokoshaines platzierten Bungalows herrliche Ausblicke auf das azurblaue Meer. Das Hotel verfügt außerdem über einen eigenen Golfplatz.
Pansea Beach • Tel. 0 76/32 40 17 • www.ghmhotels.com • 108 Cottages • €€€€

Layalina Hotel ▶ S. 105, a 4

Feines Boutique-Hotel • Kleines, dafür umso schöneres Hotel. Zum Teil haben die Zimmer Dachterrasse.
Kamala Beach • Tel. 0 76/38 59 42 • www.layalinahotel.com • 15 Zimmer • €€€

Mangosteen Resort & Spa

▶ S. 105, b 6

Zum Wohlfühlen • Die sehr schön gelegene und gestaltete Hotelanlage befindet sich im Süden.
Zwischen Chalong und Rawai Beach • Tel. 0 76/28 93 99 • www.mangosteen-phuket.com • 41 Zimmer • €€€

ESSEN UND TRINKEN

Boathouse Wine & Grill Restaurant ▶ S. 105, a 5

Große Weinkarte • Gilt als eines der besten Restaurants der Insel und bietet vorzügliche inländische sowie internationale Küche.
Kata Yai Beach • Tel. 0 76/33 05 57 • €€€€

Restaurant Baan Rim Pa (▸ MERIAN-Tipp, S. 106) – dinieren mit Blick über den Patong Beach. Der lebhafte Hauptstrand Phukets verheißt Badevergnügen mit Tropenfeeling.

Kan Eang I & II Seafood

▸ S. 105, b 5

Frische Meeresfrüchte • Von den Seafood-Restaurants sind diese beiden Open-Air-Lokale an der Chalong Bay die besten. Die Meerestiere werden frisch zubereitet.
Ao Chalong • Tel. 0 76/38 13 23 • €€€

Rockfish

▸ S. 105, a 4

Tolle Fusion-Küche • Schon Mariah Carey labte sich an den köstlichen Fusion-Gerichten in dem äußerst eleganten Restaurant, das sich an der Westküste der Insel befindet.
Kamala Beach • Tel. 0 76/27 97 32 • €€

Sunset Point Restaurant

▸ S. 105, a 4

Nomen est omen • Pittoresk auf der Spitze eines Hügels gelegen, ein idealer Ort, um bei köstlichem Thai-Essen und Cocktails den Sonnenuntergang über der Kalim- und der Nakalay-Bucht zu genießen.
Kalim Bay • Tel. 0 76/34 41 75 • €€

MERIAN-Tipp 10

KANUTOUREN ► S. 118, A/B 22

Die schönste, weil ruhigste und naturschonendste Art, die einzigartige Inselwelt um Phuket kennenzulernen, bietet sich bei Kanutouren, die von einigen Veranstaltern in Phuket angeboten werden. Dabei erlebt man dieses Paradies abseits jeglichen Massentourismus. So kann man durch Grotten paddeln, die für die normalen Ausflugsboote unzugänglich sind. Dabei bietet sich auch die Möglichkeit zur Beobachtung der hier nistenden Wasservögel.

The White Box ► S. 105, a 4

Cooles Designerrestaurant • Das ultramoderne Design dieses Treffpunkts der Schönen und Möchtegern-Schicken erinnert ein wenig an Raumschiff Enterprise. Doch die mediterranen und thailändisch inspirierten Gerichte sind richtig gut.
Kalim Beach, 247/5 Prabaramee Rd. • Tel. 0 76/34 62 71 • www. whiteboxrestaurant • €€

Le Croissant ► S. 105, b 5

Backwaren vom Feinsten • Baguettes und Croissants, dunkles Brot und Brötchen, Kekse und Kuchen. Zudem preisgünstige Mittagsmenüs.
Phuket Town, 18/136–140 Chao Fa Rd. • Tel. 0 76/21 73 29 • €

Thung Ka Café ► S. 105, b 4

Günstig und gut • Thai-Küche zu erschwinglichen Preisen, serviert in netter Atmosphäre; herrlicher Ausblick auf Phuket.
Khao Rang • €

EINKAUFEN

Ban Boran Antiques ► S. 105, b 5

Große Auswahl an Bronze-, Holz- und Lackarbeiten; wertvolle Antiquitäten.
Phuket Town, 39 Yaowarat Rd.

J. S. Gems ► S. 105, a 4

Hochwertige Edelsteine von einem der angesehensten Schmuckläden.
Patong Beach, 98/3 Soi Bangla

Silk Master ► S. 105, b 4/5

Neben einer großen Auswahl an kunsthandwerklichen Angeboten gibt es sehr schöne Seidenprodukte wie Schals, Blusen und Kleider.
Phuket Town, 29/4 Thepkrasattri Rd.

Surin Plaza ► S. 105, c 5

Dreigeschossiges Einkaufszentrum mit Seiden-, Kunst- und Antikgeschäften. Die Bar im Obergeschoss eignet sich für eine Pause.
Cherng Talay, 5/50 Moo 3 • Tel. 0 76/ 27 17 41

AM ABEND

After Beach Bar ► S. 105, a 5

Die Lage oberhalb des Kata Beach mit großartigem Blick, dazu Reggae Musik und eine große Getränkeauswahl machen den After Beach Club zu einem langjährigen Favoriten. Besonders stimmungsvoll zum Sonnenuntergang.
Kata Beach, Hwy 4233

Lighthouse ► S. 105, b 5

Entspannte Atmosphäre bei guten Cocktails und ohne Discoklänge.
Phuket Town, 27 Sakdidet Rd.

Simon Cabaret ► S. 105, a 5

Transvestitenshow von internationalem Standard, zelebriert in einem

Theater mit modernster Licht- und Lautsprecheranlage.

100/6–8 Patong/Karon Rd. • Shows tgl. 19.30 und 21.30 Uhr

Titanic ▶ S. 105, a 4

Die größte Disco in Patong.
Patong Beach, Soi Sunset City

SERVICE
AUSKUNFT
TAT-Office ▶ S. 105, b 5

Phuket Town, 73–75 Phuket Rd. •
Tel. 0 76/21 22 13

MEDIZINISCHE VERSORGUNG
Wachira Hospital ▶ S. 105, b 5

Phuket Town, Yaowarat Rd. •
Tel. 0 76/21 11 14

VERKERHR
Von der Kreuzung Ranong/Rasada/Yaowarat Rd. (▶ S. 105, b 5) fahren zwischen 8 und 18 Uhr alle 30 Min. Songtaews zu den Stränden. Mietwagen (ca. 1200 Baht pro Tag) und Motorräder (ca. 250 Baht) können an vielen Stränden und Hotels gemietet werden.

Ziel in der Umgebung
◎ Ao Phang Nga Marine National Park ▶ S. 150, B 22

Eine Bootsfahrt in die nördlich von Phuket Town gelegene Bucht von Phang Nga gehört zu den bezaubernsten Naturerlebnissen, die in Thailand möglich sind. Die etwa dreistündige Bootsfahrt kostet ungefähr 500 Baht und führt zunächst durch ein Labyrinth von Mangrovensümpfen, bevor man die offene Bucht erreicht. Der sich nun bietende Blick auf Hunderte von bizarren Kalksteinfelsen, die wie in einer Märchenlandschaft aus dem Meerwasser aufragen,

gehört zu einem der bleibendsten Eindrücke jeder Thailandreise. Zunächst passiert man den **Khao Khian,** einen mit rund 3000 Jahre alten Wandmalereien versehenen Felsen. Ziel fast aller Ausflugsboote ist **Ko Tapu**, das weit besser unter dem Namen »James Bond Island« bekannt ist. Seit hier der Bond-Film »Der Mann mit dem goldenen Colt« gedreht wurde, genießt die kleine Felseninsel Weltruhm, und dementsprechend landen hier täglich Hunderte von Booten an. Mit der bis dahin so schönen Ruhe und Be-

Inseljuwel: das kleine Einland Ko Phi Phi Leh (▶ S. 110), östlich der Insel Phuket.

schaulichkeit ist es natürlich vorbei, zumal einen die unzähligen Souvenirverkäufer ständig belästigen. Die gleiche Erfahrung macht man auch auf **Ko Panyi**, einem von Moslems bewohnten Stelzendorf.
80 km nördl. von Phuket Town

◎ Ko Phi Phi ▶ S. 150, B 22

Paradiesisch schön, Postkartenidylle, Südseetraum, zu schön um wahr zu sein – allzu häufig von der Tourismusindustrie strapazierte Klischees, die man schon gar nicht mehr hören mag. Bis man Ko Phi Phi gesehen hat. Der zu Wirklichkeit gewordene Inbegriff des Tropenparadieses, welcher in unzähligen Hollywoodfilmen und Werbekatalogen verewigt wurde. Das Panorama des fast schon surreal türkisfarbenen Meeres mit anschließendem von überhängenden Palmen drapiertem, schneeweißen Sandstrand und dem von tropischer Natur überwucherten steil aus dem Dschungel aufsteigenden Kalksteinfelsen ist tatsächlich eine Meisterleistung der Natur.

Die östlich von Phuket gelegene Trauminsel besteht eigentlich aus zwei Eilanden. Dem 28 qkm großen **Ko Phi Phi Don** und seiner kleineren Schwester **Ko Phi Phi Leh** mit nur 7 qkm. Dass das Paradies nicht unentdeckt bleiben würde, war abzusehen, doch erst der weltweite Erfolg des hier gedrehten Kinohits »The Beach – Der Strand« mit Leonardo di Caprio in der Hauptrolle hat die Insel zum Eldorado der partybegeisterten Rucksackgeneration aus der ganzen Welt aufsteigen lassen. Inzwischen kann man sich des Eindrucks nicht erwehren, dass das von der Natur so reichlich beschenkte Inseljuwel zum Opfer seines eigenen Erfolges wird. Auch das unter Naturschutz stehende und damit unbebaute Phi Phi Leh leidet unter der Last der täglich bis zu 1000 Bootsausflügler aus den benachbarten Orten, vor allem aus Phuket. Der ständige Lärm und die Abgase der Boote lassen keine Ruhe aufkommen, und auch die von unzähligen Souvenirshops gesäumte Hauptstraße von »Phi Phi City« erinnert mehr an einen Supermarkt als an ein Tropenparadies. Erst wenn die Tagesausflügler des Abends die Insel verlassen haben, entfaltet sich wieder der ursprüngliche Charme dieses Südseetraums.

40 km östl. von Phuket

ÜBERNACHTEN

Holiday Inn Phi-Phi Island

Weitläufig • Die geschmackvolle Resortanlage weist Sinn fürs Detail auf. Für die Hotelgäste gibt es viel Platz zwischen den auf Stelzen gebauten Bungalows.
Hat Laem Thong • Tel. 0 76/21 13 34 • www.phiphi-palmbeach.com • 80 Bungalows • €€€

Arayaburi Boutique Resort

Top-Hotel in Top-Lage • Sehr gelungene, in Hügel gebaute Anlage mit geräumigen Bungalows.
Hat Hin Khom • Tel. 0 76/28 13 60 • www.phiphibayview.com • 65 Bungalows • €€

ESSEN UND TRINKEN

Ciao Bella

Italiener zum Träumen • Der beste Italiener der Insel Phi Phi. Besonders stimmungsvoll ist der Aufenthalt in diesem Restaurant abends, wenn man bei Kerzenlicht direkt am Strand sitzt.
Ao Lo Dalam • Tel. 0 81/8 94 12 46 • €€

Tonsai

Seafood und mehr • Ausgezeichnete Fischgerichte werden in stilvollem Ambiente serviert.
Ao Ton Sai • Tel. 0 75/61 12 33 • €€

Wenn eine *Strandbar* zu
unserem *Wohnzimmer* wird...

... dann muss es *live!* sein

MERIAN *live!*

Phuket

MIT KAPITEL
NEU
grüner reisen

Bang Tao Strand › Türkisfarbenes Meer
Wat Chalong › Imposanter Tempel
Ao Phang Nga › Bizarre Kalksteinfelsen

& Kartenatlas im Buch
Extra-Karte zum Herausnehmen

MERIAN
Die Lust am Reisen

Unvergessliches Abenteuer: Elefanten-
trekking durch den oft nebelverhangenen
Norden des Landes (▶ S. 117), durch
Flussläufe und dichte Wälder.

Touren und
Ausflüge

Perspektiven ändern sich, die Faszination Thailand bleibt– ob per Zug in den äußersten Süden oder auf einer Trekkingtour in den Bergen des Nordens.

Bahnfahrt von Bangkok nach Surat Thani – Zu den Traumstränden des Südens

CHARAKTERISTIK: Die Eisenbahnfahrt führt in den tiefen Süden, am Golf von Thailand entlang, durch Dschungelgebiete und schier endlos anmutende Reisfelder **DAUER:** 1–3 Tage, reine Fahrtzeit 14 Std. **LÄNGE:** 650 km **FAHRKARTEN:** Tickets gelten für die gebuchte (Teil-)Strecke, man kann die Fahrt unterwegs unterbrechen, benötigt dann aber ein neues Ticket ab dem Zwischenstopp. Preis für die

gesamte Strecke: Schlafwagen 1. Kl. 1279 Baht, 2. Kl. 848 Baht **EINKEHRMÖGLICHKEIT:** Im Zug bzw. in Hotels entlang der Strecke **KARTE ▸** S. 144, C 12–S. 150, C 21

Bei einer Zugfahrt lässt sich authentisches thailändisches Leben schnuppern.

In vielen asiatischen Ländern erinnert eine Bahnfahrt immer noch an jene Zeiten, als man es sich noch leisten konnte, mit Muße zu reisen, etwa nach der klassisch asiatischen Philosophie »Der Weg ist das Ziel«. Wer etwas Zeit mitbringt und ein wenig an alte Zeiten anknüpfen möchte, sollte zumindest einmal in Thailand mit der Bahn fahren, zumal man dabei dem einheimischen Alltagsleben so nah wie sonst kaum ist.
Falls man nicht gerade auf den harten Holzbänken der dritten Klasse

Platz genommen hat, ist eine Bahnfahrt in Thailand sehr bequem. Bereits die zweite Klasse verfügt über breite, gepolsterte Sitze, saubere Toiletten und leistungsstarke Ventilatoren, die die Hitze erträglich machen. Reservierung ist grundsätzlich sinnvoll, und zwar in Bangkok beim Advance Booking Office (www.railway.co.th).
Eine der landschaftlich schönsten Strecken führt von Bangkok nach Surat Thani, von wo die Fähren nach Ko Samui und Ko Phangan abfahren.

Bangkok ▸ Phetchaburi

Von dem im Zentrum Bangkoks gelegenen **Hauptbahnhof Hua Lamphong**, bewegt sich der Zug zunächst recht gemächlich durch die scheinbar nicht enden wollenden Vorstädte Richtung Westen. Erst hinter der Provinzstadt **Nakhon Pathom**, deutlich erkennbar an dem 127 m hohen Pra Pathom Chedi, dem größten buddhistischen Bauwerk der Erde, biegt die Trasse nach Süden ab, und die Bebauung wird nun lockerer.
Etwa eine Stunde später und 50 km weiter südlich taucht die von Reisfeldern umgebene Provinzhauptstadt **Ratchaburi** auf. Der am Südufer des Mae-Klong-Flusses gelegene Ort sieht nur selten westliche Touristen,

ist jedoch in ganz Thailand für die hier hergestellten »Ong« bekannt. Diese glasierten Keramikgefäße werden auch heute noch auf dem Land als Wasserkrüge genutzt, in denen das Regenwasser gespeichert wird.

Einen Abstecher von Ratchaburi lohnt die 17 km entfernte **Kangkao Chongpran Cave**. Jeden Abend zum Sonnenuntergang bietet sich hier ein beeindruckendes Naturschauspiel, wenn Millionen von Fledermäusen aus der Höhle ausschwärmen, um auf Nahrungssuche zu gehen.

Von Ratchaburi aus sind es weitere 45 Minuten bis **Phetchaburi**, einer der ältesten Städte Thailands. Beherrscht wird die »Stadt der Diamanten« von dem auf einem 92 m hohen Hügel platzierten **Phra-Nakorn-Khiri-Palast**. Mehrere Aufgänge, gesäumt von wohlriechenden Frangipani-Bäumen, führen zum Palast, der europäische, chinesische und thailändische Stilelemente aufweist. Erbauen ließ ihn König Rama IV. im Jahre 1860, um sich darin zu entspannen und seinem Hobby, der Astrologie, nachzugehen. Vom königlichen Herrschersitz bietet sich eine herrliche Aussicht in die von Reisfeldern und Zuckerpalmen geprägte Landschaft.

Phetchaburi ▶ Hua Hin

Als nächster Zwischenstopp auf der gemächlichen Fahrt Richtung Süden bieten sich die beiden nur etwa 20 km voneinander getrennten Badeorte **Cha-am** und **Hua Hin** an. Anfang des 20. Jh. war Hua Hin während der heißen Jahreszeit beliebter Aufenthaltsort der königlichen Familie und Treffpunkt der High Society. Eindrucksvolles Zeugnis jener Zeit ist das direkt am Strand gelegene, mondäne Railway Hotel.

Hua Hin ▶ Chaiya

Je weiter die Fahrt nach Süden geht, desto schwüler wird das Klima, desto tropischer die Landschaft. Das ewig gleiche Rattern des Zuges wirkt beruhigend und einschläfernd. Die nun sattgrüne Landschaft zieht, durchsetzt mit einigen kleinen Dörfern, am Reisenden vorbei. Bei Ban Huai Yang, der mit 45 km schmalsten Stelle der malaiischen Halbinsel, rücken die dschungelbedeckten Berge im Grenzgebiet zu Myanmar und das Meerespanorama des Golfs von Thailand in greifbare Nähe.

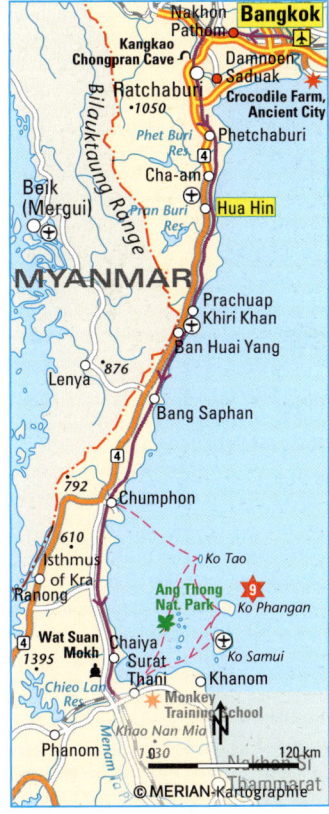

© MERIAN-Kartographie

Bis zum Horizont leuchtet das frische Grün der Reisfelder in der noch weitgehend unberührten und von Touristen unentdeckten Landschaft bei Ratchaburi (▶ S. 114).

Wunderschöne, von westlichen Touristen noch kaum entdeckte Strände finden sich in der Umgebung der 460 km südlich von Bangkok gelegenen Stadt **Chumphon**. »Das Tor zum Süden«, wie die Thais das zwischen Reisfeldern und dschungelbewachsenen Gebirgsfelsen gelegene Chumphon auch nennen, ist Startpunkt der Fähren zur Insel Ko Tao.

Chaiya ▶ Surat Thani

Nichts deutet heute darauf hin, dass das kleine Provinzstädtchen **Chaiya** vom 8. bis 10. Jh. eine der bedeutendsten Metropolen des von Indonesien regierten Sri-Vijaya-Reiches war, das weite Teile Südostasiens beherrschte. So ist auch nicht die historische Bedeutung des Ortes, sondern das nur 7 km entfernte Kloster **Wat Suan Mokh** der Grund, weshalb einige westliche Reisende den Zug in Chaiya verlassen. Suan Mokh, der »Garten der Erlösung«, gilt als das bekannteste Meditationszentrum Thailands, in dem zu Beginn jeden Monats zehntägige Meditationskurse stattfinden, die sich bei Westlern großer Beliebtheit erfreuen.

Verglichen mit Chaiya scheint im Bahnhof von **Surat Thani** ein wahrer Massenaufbruch von Rucksacktouristen stattzufinden. Die bereitstehenden Busse bringen die Sonnenhungrigen zu den Bootsanlegestellen, von wo die Expressboote in etwa zweieinhalb Stunden nach Ko Samui, der drittgrößten Insel Thailands, fahren. Die Stadt selbst bietet dagegen wenig Interessantes. Einzig die Monkey Training School im rund 13 km östlich gelegenen Ban Tha Thong lohnt einen Besuch. Hier kann man zusehen, wie den Affen während eines zweimonatigen Trainingskurses beigebracht wird, bis zu 1000 Kokosnüsse pro Tag von den Bäumen zu pflücken.

Trekking in Nordthailand – Auf Dschungelpfaden zu den Bergvölkern

CHARAKTERISTIK: Die typische Trekkingtour führt zu den Bergstämmen an der Grenze zu Myanmar. Für das unwegsame Gelände ist gute Konstitution erforderlich
DAUER: 3 Tage **LÄNGE:** 20 km (zu Fuß) **BUCHUNG:** Bei einer der ca. 50 lokalen Agenturen in Chiang Rai, die Trekkingtouren anbieten. Verpflegung ist inbegriffen
KARTE ▶ S. 141, D 1

Bevor man sich zu einer Trekkingtour in die immer noch recht unwegsamen Regionen der Bergvölker entschließt, sollte man einige wichtige Dinge erwägen: Die hohe Verdienstspanne bei Trekkingtouren lockt immer wieder unseriöse Anbieter auf den Markt, die ursprünglich zugesagte Leistungen später nicht einhalten. Um dies auszuschließen, sollte man nur bei offiziellen, von der Tourismusbehörde registrierten Veranstaltern eine solche Tour buchen.

Achten sollte man auch darauf, dass die Teilnehmerzahl je Gruppe acht Personen nicht übersteigt, da ansonsten der individuelle Charakter verloren geht und zudem die besuchten Dörfer einer kleinen Völkerwanderung ausgesetzt werden. Schließlich sollte die eigene Ausrüstung neben festen Schuhen, langer Hose, Schlafsack, Taschenlampe, Sonnen- und Regenschutz, Wasserflasche und Mückenmittel auch ein Medizin-Set für Notfälle beinhalten.

Eine schöne Route beginnt in **Chiang Rai** mit einer zweistündigen Bootsfahrt. Hier besteigt man das Boot, das zwei Stunden lang auf dem **Mae-Kok-Fluss 7** Richtung Süden fährt. Danach geht es entlang eines schmalen, jedoch nicht allzu schwierigen Bergpfades zu einem Karen-Dorf. Nach einem einfachen Mittagessen besteigt man mittels einer Holzrampe einen Elefanten, auf dessen Rücken man für zwei Stunden durch kleine Flussläufe und dichten Bambuswald zu einem Yao-Dorf reitet.

Die erst Anfang des 20. Jh. nach Thailand eingewanderten Yao leben auf einer Höhe von 1000 bis 1300 m und betreiben vornehmlich Ackerbau und Viehzucht. Die Yao-Frauen fallen durch eine ungewöhnlich farbenprächtige Tracht auf. Nach einem Abendessen im Lichte einer Petroleumlampe wird das Nachtlager auf dem Bambusboden der Hütten aufgeschlagen.

Der nächste Tag steht ganz im Zeichen recht anspruchsvoller Wanderungen, wobei es am Vormittag innerhalb von drei Stunden zu einem Lahu-Dorf geht. Nach einer ausgiebigen Mittagspause sind weitere zwei Stunden Richtung Nordwesten bis zu einer Ansiedlung der Akha zurückzulegen, die für ihre mit Silberschmuck bestickten Kopfbedeckungen bekannt sind. Am Morgen des letzten Tages steht noch einmal eine letzte zweistündige Wanderung auf dem Programm, die ihren Abschluss an einem erfrischenden Wasserfall findet. Frisch »geduscht« besteigt man anschließend den Minibus, der mit einem kleinen Abstecher zur thailändisch-burmesischen Grenzstadt Mae Sai die Trekkinggruppe zurück nach Chiang Rai fährt.

Inselhüpfen im äußersten Süden – Bilderbuchstrände abseits ausgetretener Pfade

CHARAKTERISTIK: Eine Erkundung der tropischen Inselwelt im äußersten Süden Thailands ist eines der schönsten Reiseerlebnisse des Landes **DAUER:** mind. 1 Woche; die Dauer richtet sich danach, wie lange man sich auf jeder der Inseln aufhalten möchte. Sinnvoller ist es, mind. 3 Wochen einzuplanen **EINKEHRTIPP:** Red Snapper, Long Beach, Ko Lanta, Tel. 0 87/8 85 69 65 €€€
KARTE ▶ S. 150, B 22–C 23

Die Inseln im Süden Thailands haben in den letzten Jahren zu Recht Weltruf erlangt. Namen wie Ko Samui, Phuket, Krabi und Ko Phi Phi sind zum Inbegriff für eine tropische Märchenwelt geworden. Dementsprechend überlaufen sind sie während der Hauptreisezeit auch. Nur wenige Kilometer weiter südlich sieht das ganz anders aus. Die sich in dem ca. 200 km langen Abschnitt der Andamansee von Phi Phi bis zur Malayischen Grenze erstreckende Inselwelt ist ideal für all jene, die abseits ausgetretener Pfade Urlaub machen wollen. Zwar gibt es auch hier inzwischen eine gut ausgebaute touristische Infrastruktur, doch nicht das möglichst schnelle Geldverdienen bestimmt den Lebensrhythmus der Menschen, sondern der Wunsch im Einklang mit der Natur genüsslich die Zeit vergehen und die Seele baumeln zu lassen.

Dabei verfügen im Ausland kaum bekannte Eilande wie **Ko Lipe**, **Ko Ngai**, **Ko Kradan** und **Ko Muk** über all das, was ihre großen Schwestern im Norden auszeichnet: türkisfarbenes Meer, Postkartenstrände, tropisches Hinterland und eine liebenswerte Bevölkerung. Da die einzelnen Inseln verkehrstechnisch durch Fähren und Schnellboote ausgezeichnet miteinander verknüpft sind, bietet sich das Inselhüpfen als ideale Art an, um diese maritime Wunderwelt vom Wasser aus zu erkunden.

Ko Lanta ▶ Ko Ngai

Ausgangspunkt ist mit **Ko Lanta** die am nächsten zu Ko Phi Phi gelegene Insel in der südlichen Andamansee. Die langgezogene Insel ist wegen ihrer flachen Strände und ruhigen Atmosphäre besonders bei Familien und älteren Menschen beliebt. Während die Ostküste von Ko Lanta von Mangrovenwäldern geprägt ist, finden sich entlang der 24 km langen Westküste zahlreiche, nur von Felsvorsprüngen getrennte Strände und Buchten. Die meisten Bungalowanlagen haben sich entlang des 3 km langen **Klong Dao Beach** angesiedelt. Am romantischsten wohnt es sich am **Kan Thiang Beach**. Wer einmal die süße Leichtigkeit des Seins in der Hängematte für einen Tag hinter sich lassen möchte, kann sich einer der angebotenen Inselrundfahrten anschließen. Nach einer Bootstour durch die Mangrovenwälder der Ostküste und einer Besichtigung der **Khao Mai Kaeo Höhle** führt der Weg auch an die Südküste. Hier lohnt der **Ko Lanta Island National Park** mit seinen Naturlehrpfaden und einem Leuchtturm an der Südspitze der Insel. Von hier reicht der Blick zum nächsten Ziel – **Ko Ngai**.

Die 4 km lange und 2 km breite Insel würde bei einem Wettbewerb um die schönste Insel Thailands zu den heißen Favoriten gehören. Die weißen Strände, das türkisfarbene Wasser und ausgezeichnete Tauchmöglichkeiten zeichnen das häufig auch **Ko Hai** genannte Eiland aus.

Ko Muk ▸ Ko Kradan

Von hier ist es wiederum nur ein kurzer Bootstrip nach **Ko Muk**. Auch die »Perleninsel« weist alle Klischees einer tropischen Insel auf, doch die meisten kommen hierher im Rahmen eines Tagesausflugs, um die **Tham Morakot** zu besichtigen. Der Name »Smaragdhöhle« rührt von dem fantastischen Farbenspiel des Wassers her, das sich am Ende eines etwa 80 m langen Tunnels auftut. Ko Muks Nachbarinsel **Ko Kradan** ist mit gerade einmal 1 qkm ein Winzling, dafür aber eine echte Schönheit. Wer den wahren Charme und die einzigartigen Sonnenunter-

gänge erleben möchte, sollte hier ein paar Tage und Nächte verbringen.

Ko Sukon ▸ Ko Bulon Leh und Ko Lipe

Verglichen mit der »beauty queen« Ko Kradan ist **Ko Sukon** eher ein unscheinbares Eiland. Reisende, die Ruhe und Erholung abseits der Touristenpfade suchen, werden sich hier wohl fühlen. Zudem ist Ko Sukon Ausgangspunkt zu einer Bootstour zu den nur noch hier lebenden Seekühen. Die etwa 400 kg schweren »Dugong« sind vom Aussterben bedroht. Vor den Gewässern Ko Sukons sollen etwa 200 Exemplare leben.

Ko Bulon Leh (▸ MERIAN-Tipp, S. 28) und **Ko Lipe** im äußersten Süden Thailands sind dann wieder zwei Inseln, die Tropenträume wahr werden lassen. Wer diese beiden Paradiese noch in ihrer ganzen Schönheit erleben möchte, sollte sich beeilen – lange wird es nicht mehr dauern, bis der Massentourismus auch hier Einzug gehalten hat.

Vom Tourismus fast unberührt präsentiert sich Ko Lipe (▸ S. 119), eine der Perlen im Süden, als Inselidyll mit schneeweißen Stränden und Bambushütten-Romantik.

Tuk-Tuks, die exotischen Transportmittel,
füllen in Bangkok (▶ S. 35) alle Straßen
und bahnen sich ihren Weg durch den
städtischen Verkehrsdschungel.

Wissenswertes
über Thailand

Nützliche Informationen für einen gelungenen
Aufenthalt: Fakten über Land, Leute und Geschichte
sowie Reisepraktisches von A bis Z.

Auf einen Blick

Mehr erfahren über Thailand – Informationen über Land und Leute, von Bevölkerung über Geografie, Politik und Religion bis Sprache und Wirtschaft.

AMTSSPRACHE: Thai
BEVÖLKERUNG: 75 % Thais, 14 % Chinesen, 11 % andere Ethnien
EINWOHNER: 68 Mio.
FLÄCHE: 513 115 qkm
HAUPTSTADT: Bangkok
INTERNET: www.thailand tourismus. de
RELIGION: 94,6 % Buddhisten, 4 % Muslime, Rest Hindus, Sikhs und Christen
STAATSFORM: Konstitutionelle Monarchie
STAATSOBERHAUPT: König Rama IX. Bhumibol
VERWALTUNG: 6 Regionen, 76 Provinzen
WÄHRUNG: Baht

Bevölkerung

Vier Fünftel der Bewohner Thailands werden zur Völkergruppe der Thai gezählt. Dazu gehören die vor allem in der zentralen und südlichen Menamebene siedelnden Thai, die Lao im Norden und Nordosten und die ebenfalls im Norden nahe der Grenze zu Myanmar ansässigen Shan. Chinesischstämmige Thailänder haben einen Anteil von 12 % an der Gesamtbevölkerung, außerdem leben Malaien und Khmer im Süden und Südosten und verschiedene Bergvölker im Norden (u. a. Karen und Mon). Die meisten Thailänder leben im zentralen Tiefland, der Reiskammer Thailands. Die höchste

◄ Buddhistischer Mönch auf Ko Samui (vor dem Nuan Na Ram Tempel).

Bevölkerungsdichte weist die Region um Bangkok auf. Insgesamt leben aber nur 20% der Bevölkerung in Städten.

Geografie

Mit einer Fläche von ca. 513 000 qkm ist Thailand etwa doppelt so groß wie die alte Bundesrepublik. Seine größte Nord-Süd-Ausdehnung beträgt ca. 1700 km, die größte Breite 770 km. An seiner schmalsten Stelle ist es jedoch nur 15 km breit. Die Thais vergleichen die Form ihres Landes mit einem Elefantenkopf, dessen langer Rüssel die Malayische Halbinsel bildet.

Politik

Seit ein unblutiger Staatsstreich im Jahre 1932 der 700-jährigen absoluten Monarchie ein Ende setzte, ist Thailand eine konstitutionelle Monarchie nach britischem Vorbild. Das Parlament setzt sich aus dem Repräsentantenhaus mit 360 gewählten und dem Senat mit 270 vom Militär ernannten Mitgliedern zusammen. Seit gut zehn Jahren ist eine zunehmende Polarisierung der politischen Landschaft in zwei sich feindlich gegenüberstehende Lager zu verzeichnen. Auf der einen Seite stehen die Anhänger des früheren Ministerpräsidenten Thaksin Sinawatra, in der Presse als »Rothemden« bekanntgeworden. Ihnen gegenüber stehen die sogenannten »Gelbhemden«, vornehmlich Königstreue, Geschäftsleute und die gut ausgebildete Mittel- und Oberschicht Bangkoks. Ihr Hauptziel ist Thaksins Rückkehr nach Thailand zu verhindern.

Religion

95% der Bevölkerung sind Buddhisten. Die knapp 4% Malaien in den Südprovinzen auf der Malakka-Halbinsel zählen meist zur muslimischen Minderheit. Außerdem gibt es eine kleine, vorwiegend römisch-katholische christliche Minderheit (0,7 %).

Sprache

Thailändisch ist weniger durch seine Grammatik als vielmehr durch die Verwendung von »Tönen« eine ausgesprochen schwierige Sprache mit einem eigenen, nicht weniger komplizierten Schriftsystem. Die fünf Töne, die herauszuhören und zu sprechen für Europäer das wahrscheinlich größte Problem ist, geben einem Wort völlig unterschiedliche Bedeutungen. Hinzu kommt noch eine ganze Reihe geschlechtsspezifischer Wörter und Partikel. Diese und andere Unterschiede zu unserem Sprachsystem machen es verständlich, warum auch die einfachste Thai-Konversation für den Touristen schwierig wird.

Wirtschaft

Thailand hat sich in den letzten zwei Jahrzehnten von einem Agrarland zu einer modernen Wirtschaft mit mehreren Standbeinen entwickelt. Thailands Wirtschaftssystem ist durch marktwirtschaftlich-liberale Orientierung und eine starke Rolle des Außenhandels gekennzeichnet. Fast 50% der Bevölkerung sind auch heute noch in der Landwirtschaft tätig. Allerdings erwirtschaften diese nur noch ca. 9 % des BIPs. 14 % der Erwerbstätigen arbeiten in der Industrie (Anteil des BIP ca. 37 %) und etwa 36 % im Dienstleistungsbereich (Anteil BIP 53 %).

Geschichte

1238

Zwei Thai-Prinzen besiegen eine Armee der bis dahin in Zentralthailand regierenden Khmer und gründen mit Sukhothai das erste Königreich auf thailändischem Boden.

1275

Mit dem Amtsantritt von König Ram Kamhaeng betritt der mächtigste Herrscher des Sukhothai-Reiches den Thron. Während seiner zwanzigjährigen Regentschaft errichtet er ein Großreich, das von Luang Prabang im Osten bis Nakhon Si Thammarat im Süden und Pegu im Westen reicht. Ram Kamhaeng gilt als Erfinder der Thai-Schrift und etabliert den Theravada-Buddhismus als Staatsreligion.

1296

Fürst Mengrai etabliert mit der Hauptstadt Chiang Mai ein kleines Königreich Lannatai im Norden des Landes, das bis Ende des 19. Jh. seine Unabhängigkeit gegenüber den Zentralregierungen in Sukhothai und Ayutthaya bewahren kann.

1350

König Rama Tibodi I. gründet mit der Hauptstadt Ayutthaya ein Königreich von regionaler Bedeutung, das jedoch innerhalb weniger Jahrzehnte zum neuen Zentrum Siams heranwächst. 1378 wird Sukhothai zum Vasallenstaat Ayutthayas degradiert und 1431 das bis dahin in Südostasien führende Khmer-Reich mit der Hauptstadt Angkor Wat erobert. Ayutthaya entwickelt sich zu einer der wohlhabendsten und glanzvollsten Städte in ganz Asien.

1767

Nach über einjähriger Belagerung wird Ayutthaya am 7. April von den Burmesen erobert und dem Erdboden gleichgemacht. Die Burmesen ziehen ihre Hauptarmee ab, was es dem thailändischen General Taksin erlaubt, Ayutthaya im Oktober zurückzuerobern. Im Dezember verlegt Taksin die Hauptstadt nach Thonburi, wo er sich als neuer König krönen lässt.

1782

Rama I., erster König der heute noch regierenden Chakri-Dynastie, verlegt wegen der günstigeren strategischen Lage die Hauptstadt Siams von Thonburi auf die andere Flussseite nach Bangkok. Die hier siedelnden Chinesen werden in den Bezirk Sampeng, das heutige Chinatown, umgesiedelt.

1785

Der neue Königspalast und der Wat Phra Keo in Bangkok werden fertiggestellt.

1851

Rama IV., König Mongkut, besteigt den Thron. Er verfolgt eine Politik der Öffnung gegenüber dem Westen, die wesentlich dazu beiträgt, dass Siam in den folgenden Jahren seine Unabhängigkeit bewahren kann.

1864

Mit der Charoen Krung Rd. (New Rd.) wird die erste Straße Bangkoks fertiggestellt. Bangkoks Aufstieg zur Handelsmetropole beginnt.

1868

Beginn der Herrschaft von König Chulalongkorn oder Rama V. Er setzt die Modernisierungsmaßnahmen seines Vaters fort und geht als Erneuerer in die Geschichte ein.

1932

Am 24. Juni wird König Rama VII. nach einem unblutigen Putsch gestürzt und die absolute in eine konstitutionelle Monarchie nach britischem Vorbild umgewandelt.

1946

König Ananda Mahidol (Rama VIII.) wird am 9. Juni erschossen im Königspalast in Bangkok aufgefunden. Sein jüngster Bruder, Bhumibol Adulyadej, wird als Rama IX. zum König von Thailand ausgerufen.

1949

Siam wird am 23. März offiziell in Thailand umbenannt. Bangkok bleibt die Hauptstadt.

1968

Die Anwesenheit amerikanischer Vietnamsoldaten, die in Thailand ihren Fronturlaub verbringen, führt zur Eröffnung unzähliger Bars und Massagesalons speziell in Bangkok.

1973

Blutige Demonstrationen erschüttern das Land und führen zur Vertreibung zweier der hochrangigsten Militärs aus Bangkok.

1980

General Prem Tinsulananda wird zum neuen Premierminister ernannt. Während seiner achtjährigen Amtszeit erlebt Thailands Wirtschaft außergewöhnliche Wachstumsraten.

1992

Nach den Wahlen vom März wird verfassungswidrig General Suchinda Kraprayoon zum Premierminister ernannt. Am 20. April 1992 demonstrieren mehr als 50 000 Menschen gegen Suchinda. Im Stadtzentrum von Bangkok geht das Militär mit brutaler Gewalt gegen die Aufständischen vor. Erst eine Fernsehansprache König Bhumibols beendet die Auseinandersetzungen.

2004

Am 26. Dezember wird der Süden Thailands von einer riesigen Tsunami-Welle überflutet, die mehrere zehntausend Menschen das Leben kostet. Besonders stark sind Phuket, Ko Phi Phi und Khao Lak betroffen.

2006

Der erst im Frühjahr wiedergewählte Premierminister Thaksin Shinawatra wird im Herbst in einem unblutigen Militärputsch abgesetzt. König Bhumibol feiert sechzigjähriges Thronjubiläum. Bangkoks neuer Flughafen Suvarnabhumi wird eingeweiht.

2008

Nach monatelangen innenpolitischen Auseinandersetzungen wird eine neue Regierung eingesetzt.

2010

Das Land wird von einer scheinbar nicht enden wollenden Reihe von Protestaktionen der sich verfeindet gegenüberstehenden Lager zum Teil lahmgelegt, die bis Ende Mai zu blutigen Ausschreitungen mit vielen Toten führen. Im Juni wird der Ausnahmezustand wieder aufgehoben, Reisewarnungen gelten vorerst nicht mehr.

Sprachführer Englisch

Wichtige Wörter und Ausdrücke

Ja – Yes
Nein – No
Bitte – please
Gern geschehen – My pleasure/you're welcome
Danke – Thank you
Wie bitte? – Pardon?
Ich verstehe nicht – I don't understand
Entschuldigung – Sorry/I beg your pardon/excuse me
Guten Morgen – Good morning
Guten Tag – How do you do
Guten Abend – Good evening
Hallo – Hello
Ich heiße … – My name is …
Ich komme aus … – I come from …
Wie geht's? – How are you?
Danke, gut – Fine, thanks
Wer, was, welcher – Who, what, which
Wie viel – How many/how much
Wo ist … – Where is …
Wann – When
Wie lange – How long
Sprechen Sie Deutsch? – Do you speak German?
Auf Wiedersehen – Good bye
Heute – Today
Morgen – Tomorrow

Zahlen

eins – one
zwei – two
drei – three
vier – four
fünf – five
sechs – six
sieben – seven
acht – eight
neun – nine
zehn – ten
elf – eleven
zwölf – twelve
dreizehn – thirteen
vierzehn – fourteen
fünfzehn – fifteen
sechszehn – sixteen
siebzehn – seventeen
achtzehn – eighteen
neunzehn – nineteen
zwanzig – twenty
einundzwanzig – twenty-one
dreißig – thirty
vierzig – forty
fünfzig – fifty
sechzig – sixty
siebzig – seventy
achtzig – eighty
neunzig – ninety
einhundert – one hundred
einhundertzwei – one hundred and two
eintausend – one thousand

Uhrzeiten

1 Uhr – one o' clock/one a.m.
13 Uhr – one p.m.
halb zwei – half past one
viertel nach/vor eins – quarter past/to one
viertel vor zwei – quarter to two
Mitternacht – midnight
Mittag – midday/noon
eine Stunde – one hour
Einen Augenblick, bitte – One moment, please

Wochentage

Montag – Monday
Dienstag – Tuesday
Mittwoch – Wednesday
Donnerstag – Thursday
Freitag – Friday
Samstag – Saturday
Sonntag – Sunday

Unterwegs

Wie weit ist es nach …? – How far is it to …?

Wie kommt man nach …? – How do I get to …?

Wo ist …? – Where is …?
- die nächste Werkstatt? – the nearest garage
- der Bahnhof/Busbahnhof – the station/bus terminal
- die nächste Bus-Station – the nearest bus terminal
- der Flughafen – the airport
- die Touristen information – the tourist information
- die nächste Bank – the nearest bank
- die nächste Tankstelle – the nearest petrol station

Wo finde ich einen Arzt/eine Apotheke? – Where do I find a doctor/a pharmacy?

Bitte volltanken! – Fill up, please

Normalbenzin – Regular petrol

Super – Super

Diesel – Diesel

rechts – right

links – left

geradeaus – straight ahead

Ich möchte ein Auto mieten – I would like to hire a car

Wir hatten einen Unfall – We had an accident

Eine Fahrkarte nach … bitte – A ticket to … please

Übernachten

Ich suche ein Hotel – I'm looking for a hotel

Ich suche ein Zimmer für … Personen – I'm looking for a room for … people

Haben Sie noch Zimmer frei? – Do you have any vacancies?
- für eine Nacht – for one night
- für eine Woche – for one week

Ich habe ein Zimmer reserviert – I made a reservation for a room

Wie viel kostet das Zimmer? – How much is the room?
- mit Frühstück – including breakfast
- mit Halbpension – including half board

Kann ich das Zimmer sehen? – Can I have a look at the room?

Kann ich mit Kreditkarte zahlen? – Do you accept credit cards?

Essen und Trinken

Die Speisekarte bitte – Could I see the menu, please?

Die Rechnung bitte – Could I have the bill, please?

Ich hätte gern einen Kaffee – I would like to have a cup of coffee

Wo finde ich die Toiletten (Damen/Herren)? – Where are the washrooms (ladies/gents)?

Kellner – waiter

Frühstück – breakfast

Mittagessen – lunch

Abendessen – dinner

Einkaufen

Wo gibt es …? – Where do I find …?

Haben Sie …? – Do you have …?

Wie viel kostet das? – How much is this?

Das ist zu teuer – That's too much

Danke, das ist alles – Thank you, that's it

geöffnet/geschlossen – open/closed

Bäckerei – bakery

Markt – market

Lebensmittelgeschäft – supermarket, grocery shop

Briefmarken für einen Brief/eine Postkarte nach Deutschland/Österreich/in die Schweiz – stamps for a letter/a postcard to Germany/Austria/Switzerland

Kulinarisches Lexikon

A
ahan gangwan – Mittagessen
ahan tschau – Frühstück
ahan yen – Abendessen

B
ba mie – gelbe Weizenmehlnudeln
bai ma grud – Limettenblätter
bai manglak – Basilikum
bed – Ente
bed op nam püng – gebackene Ente mit Honig
bed paloh – Ente in süßsaurer Sauce
bia – Bier
bo(h) – Krabben
bor bia tord – Frühlingsrolle

F
fak tong – Kürbis
farangh – Guaven

G
gabi – Garnelenpaste
gäng gai – Hühnchenragout
gäng garih – mildes indisches Curry
gäng khion wahn – grünes Curry mit Shrimpspaste
gäng laing – Gemüsesuppe
gäng masaman – mildes süßliches Curry
gäng nua – Rindfleischragout
gäng ped gai – scharfes Hühnchencurry
gäng som – Fisch- und Gemüsegericht
gafä – Kaffee mit Milch
gafä damrorn – Kaffee ohne Milch
gai – Huhn
gieo nam – Wonton-Suppe
gruei – Banane
gueh tiao – weiße Reisnudeln
gung – Hummer, Garnele
gung häng – getrocknete Garnelen
gung yang – gegrillte Garnelen

H
hua hom – Zwiebeln
hua schai po – Rettich

K
ka ti – Kokosmilch
kam puh tord – Krabbenfleisch
kao – Klebreis
kao bed – gebratener Reis mit Entenfleisch
kao dom gai – Reissuppe mit Huhn
kao dom mo – Reissuppe mit Schweinefleisch
kao dom plah – Reissuppe mit Fisch
kao gai – Reis mit Huhn
kao man gai – gekochtes Huhn mit Reis
kao mo daeng – Reis mit rotem Schweinefleisch
kao mo tora – gebratene Schweinefleischscheiben mit Reis
kao nieo – Klebreis
kao nor maigai – Reis mit Huhn und Bambussprossen
kao pad – gebratener (fried) Reis
kao pad gung – Reis mit Garnelen
kao pad talee – Reis mit Meeresfrüchten
kao plao – trockener Reis
kao suay – Duftreis
kau poht – Mais
khai chiao – Omelett
khai dao – gebratenes Ei
khai tord sai mo – Omelett mit Schweinefleisch
khai yad sai – gefülltes Omelett
khanom büang – »Plätzchen« mit süßer oder salziger Füllung
kratiem – Knoblauch
krüang gäng – Currypaste

L
lao – Alkohol
lin ji – Lychees

M
maah hoo – Fleischbällchen auf
  Ananas
mähkong – Mekong Whisky
makahm – Tamarinde
maköa jao – Aubergine
maköa tät – Tomate
malakor – Papaya
manao – Zitrone
man farang – Kartoffel
mamuang – Mango
mangkut – Mangosteen
maprao – Kokosnuss
med mamuang himmapan –
  Cashewnuss
miang gai – Hühnerbrust auf Salat
mie klob – gebratene Nudeln
mo – Schweinefleisch
mo ob sapporot – Schweinefilet mit
  Ananas
mo satäh – Saté vom Schwein

N
nam dan – Zucker
nam jim muh sate – Erdnusssauce
nam lorn – heißes Wasser
nam maprao on – Kokossaft
nam plaa prik – Chilisauce mit
  Koriander
nam plan – Fischsauce
nam prik – Chilisauce
nam räh – Mineralwasser
nam som – Orangensaft
normai – Bambussprossen
nüah – Rindfleisch

P
pad phet mo sei normai – Schweinefleisch mit Bambus
pad phet tua fak jao – Rindfleisch
  mit grünen Bohnen
pak – Gemüse
ped – Entenfleisch
phat thai – gebratene Nudeln
plah – Fisch
plah kapong – Barsch

plah mük – Tintenfisch
plah priao wan – Fisch, süßsauer
plah tord – gebratener Fisch
plah tu – Thunfisch
polaris – Trinkwasser in Flaschen
priao wan – süßsauer
prik ki nu – Chili
prik shi fa – Peperoni
prik tai – Pfeffer

R
raprathan – essen
roohn – heiß

S
sapparot – Ananas
sen guetiö – Reisnudeln
sie juh – Sojasauce
som – Orange

T
takrei – Lemongras
tao hu – Tofu
teang mo – Wassermelone
toa li song – Erdnuss
toa ngog – Sojasprossen
tom – gekocht
tom ka gai – Hühnersuppe mit
  Curry und Kokosnuss
tom khlong – gesalzener Fisch,
  gekocht mit Tamarinde und
  Zwiebeln
tom yam gung – Garnelensuppe
ton hom – Frühlingszwiebeln
tord – gebraten
tschah – Tee
tschah lorn – heißer schwarzer
  Tee
tschah yen – Eistee
tuna – Thunfisch

Y
yam nüah – süßscharfer Rind-
  fleischsalat
yang – gegrillt
yen – kalt

Reisepraktisches von A–Z

ANREISE
MIT DEM FLUGZEUG

Der in den letzten Jahren in Thailand zu verzeichnende Touristenboom liegt sicherlich nicht zuletzt in der Tatsache begründet, dass das Land zu ausgesprochen günstigen Tarifen angeflogen werden kann. Auch wenn man von den Super-Billigangeboten wegen des mangelnden Service und der zum Teil zweifelhaften Sicherheitslage die Finger lassen sollte, so kann man doch schon ab 700 € mit seriösen Fluggesellschaften fliegen. Für jene, die während der Hauptreisezeit von Oktober bis März und speziell während der Weihnachtsferien nach Thailand reisen möchten, empfiehlt sich unbedingt eine frühzeitige Buchung, da zu jener Zeit erfahrungsgemäß alle Flüge ausgebucht sind.

Auf www.atmosfair.de und www.myclimate.org kann jeder Reisende durch eine Spende für Klimaschutzprojekte für die CO_2-Emission seines Fluges aufkommen.

AUSKUNFT
IN DEUTSCHLAND, ÖSTERREICH UND DER SCHWEIZ
Thailändisches Fremdenverkehrsamt

– Bethmannstr. 58, 60311 Frankfurt • Tel. 069/138 139 0 • www.thailandtourismus.de
– Apropos Marketing & Events, Heumühlgasse 3, 1040 Wien • Tel. 01/58 52 420 • www.tourismusthailand.at
– Gretz Communications Relations, Zähringerstr. 16, 3012 Bern • Tel. 0 31/3 00 30 88 • www.tourismthailand.ch

IN THAILAND
Tourism Authority of Thailand (TAT) ▸ Klappe hinten, f 2

1600 New Phechatburi Road, Makkasan, Rajathewi, Bangkok • Tel. 02/2 50 55 00 • www.tourismthailand.org

BETTLER

Im Gegensatz zu vielen anderen Ländern Asiens sieht man in Thailand relativ wenige Bettler, und die meisten verhalten sich sehr zurückhaltend. Kindern sollte man grundsätzlich nichts geben, da sonst der schon anderswo zu beobachtende Effekt eintritt, dass sie am Ende des Tages meist weitaus mehr Geld nach Hause bringen als ihre Eltern nach einem harten Arbeitstag. Abgesehen davon, dass man mit einer Spende die Kinder vom Schulbesuch abhält, beteiligt man sich damit auch noch an der Aushöhlung des ohnehin schon brüchigen Sozialsystems. Letztlich schadet man den Kindern mit einer auch noch so gut gemeinten Spende weit mehr, als dass man ihnen hilft. Deshalb sollte man nur wirklich Bedürftigen, wie Kranken, alten Menschen und Behinderten, etwas Geld geben.

BUCHTIPPS

Rainer Krack: Kulturschock Thailand (Reise Know-How, 2004) Wer mehr über die gerade für Europäer so faszinierende Mentalität der Thais erfahren möchte, dem sei dieses Buch empfohlen. Der Reisebuchautor lebt selbst seit Jahren in Thailand und vermittelt mit seinen ebenso amüsant wie fachkundig geschriebenen Essays viel vom thailändischen Alltagsleben.

Wolf Donner: Thailand. Land zwischen Moderne und Tradition (Beck'sche Verlagsbuchhandlung, 1996) Der bekannte Sachbuchautor beschreibt detailliert und informationsreich die historischen und kulturellen Wurzeln der thailändischen Gesellschaft und beleuchtet auch die Schattenseiten hinter dem Land des Lächelns.

Außerdem ist zu Thailand ein **MERIAN-Magazin** im Handel erhältlich (2010).

DIPLOMATISCHE VERTRETUNGEN
IN THAILAND
Botschaft der Bundesrepublik Deutschland
▶ Klappe hinten, südöstl. f 6

9 South Sathorn Rd., Bangkok • Tel. 02/ 287 90 00 • www.bangkok.diplo.de

Österreichische Botschaft
▶ Klappe hinten, südöstl. f 6

14, Soi Nandha, off Soi 1, Sathorn Tai Rd., Bangkok • Tel. 02/ 303 62 57 • www.aussenministerium.at/bangkok

Botschaft der Schweiz
▶ Klappe hinten, östl. f 4

35 North Wireless Rd., Bangkok • Tel. 02/253 01 56

EINREISE

Bei der Einreise nach Thailand erhalten Deutsche, Österreicher und Schweizer nach Vorlage eines noch mindestens sechs Monate gültigen Reisepasses ein Visum für bis zu 30 Tage. Zuvor müssen Reisende entweder bereits im Flugzeug oder vor dem Immigrationschalter eine Einreisekarte ausfüllen, in der bestimmte Daten aus dem Pass eingetragen werden müssen.

FEIERTAGE

Zusätzlich zu religiösen und monarchischen Festen sind Behörden, Postämter, Schulen, Büros und die meisten Geschäfte an den folgenden Feiertagen geschlossen:

1. Januar Neujahr
1. Mai Tag der Arbeit
5. Mai Krönungstag König Bhumibols
12. August Geburtstag der Königin
5. Dezember Geburtstag des Königs
10. Dezember Verfassungstag
31. Dezember Silvester

GELD

100 Baht	2,54 €/3,53 SFr
1€	38,37 Baht
1SFr	27,99 Baht

Die thailändische Währung ist der **Baht**, der sich in 100 **Satang** unterteilt. Es gibt Münzen zu 50, 25 und 10 Satang sowie zu 10, 5, 2 und 1 Baht. Doppelt hinschauen sollte man bei den 2- und 5-Baht-Münzen, da sich beide zum Verwechseln ähnlich sehen. Bei Banknoten hat man die Auswahl zwischen Scheinen zu 1000, 500, 100, 50, 20 und 10 Baht. Der Wert des Baht wechselt entsprechend den Schwankungen des US-Dollars am internationalen Devisenmarkt zwischen 30 und 45 Baht für einen €. Bangkoks **Banken** arbeiten sehr effizient, sodass der Geldwechsel wenig Zeit in Anspruch nimmt. Geöffnet sind sie von 8.30 bis 15.30 Uhr. In Städten mit vielen Touristen (Bangkok, Sukothai, Chiang Mai, Phuket, Ko Samui) gibt es auch zahlreiche kleine Wechselstuben, die wesentlich länger und auch an Wochenenden und Feiertagen geöffnet sind.

NEBENKOSTEN

1 Tasse Kaffee	0,45 €
1 Bier	ab 1,40 €
1 Cola	ab 0,65 €
Abendessen f. 2 Personen	11,00 €
1 Schachtel Zigaretten	0,80 €
1 Liter Benzin	0,80 €
Mietwagen/Tag	ab 35,00 €

Da alle namhaften Kreditinstitute Euro und Schweizer Franken akzeptieren, sollten Reisende ihre Reisekasse in ihrer Landeswährung mitnehmen. Generell empfiehlt es sich, einen Großteil der Reisekasse in **Reiseschecks** mitzunehmen, was den Vorteil hat, dass man im Verlustfall versichert ist; darüber hinaus ist der Wechselkurs für Schecks immer etwas besser als für Bargeld. Ein paar Scheine Bargeld sollte man dennoch dabeihaben, da man so am Ende der Reise nicht einen großen Scheck einlösen muss, um noch schnell den letzten Einkauf zu tätigen. **Euroschecks** sind nur begrenzt von Nutzen, da nur drei Stück pro Person und Monat und das auch nur in Filialen der Thai Farmers Bank eingetauscht werden dürfen. Weithin akzeptiert sind **Kreditkarten**, allerdings berechnen viele Geschäfte beim bargeldlosen Zahlen eine saftige, eigentlich illegale Gebühr von bis zu 10 %.

INTERNET

www.thailandtourismus.de
Die offizielle Adresse des thailändischen Fremdenverkehrsamtes.
www.dnp.go.th
Ausführliche Informationen zu allen Nationalparks in Thailand. Möglichkeit, Unterkünfte online zu buchen.

www.thaiwaysmagazine.com
Der kompetente Führer durch Thailand wird ständig aktualisiert und erscheint mehrfach im Jahr.
www.sawadee.com
Sehr gute und ausführliche Webseite mit vielen Hotelbewertungen und Buchungsmöglichkeit.
www.bangkokpost.com
Die führende englischsprachige Tageszeitung des Landes mit hervorragenden Infos zu den Haupttouristenorten und aktuellem Veranstaltungskalender.
www.thaiair.com
Homepage der nationalen Fluglinie Thailands.

KLEIDUNG

Auf Grund des schwül-heißen Klimas während der meisten Monate im Jahr eignen sich vor allem leichte Kleidungsstücke aus Baumwolle und Seide. Wer in den Wintermonaten November bis Februar in den hohen Norden des Landes fährt, sollte zumindest einen wärmenden Pullover nicht vergessen. Allgemein legen die Thais sehr viel Wert auf gepflegte und angemessene Kleidung und betrachten den gerade bei westlichen Reisenden üblichen »Freizeitlook« mit wenig Sympathie.

MEDIZINISCHE VERSORGUNG

Thailand ist in gesundheitlicher Hinsicht eines der unbedenklichsten Länder Asiens. Bei der Einreise besteht keinerlei Impfpflicht. Dennoch empfiehlt es sich, wegen des weltweiten Vormarsches von Malaria Tabletten zur Malariaprophylaxe einzunehmen. Dies gilt insbesondere für jene Besucher, die in abgelegene, waldreiche Grenzgebiete zu Myanmar (Burma) und Kambodscha reisen wollen, wo in den letzten Jahren wiederholt Malariafälle aufgetreten sind.

Wer tatsächlich einmal einen Arzt aufsuchen muss, befindet sich in Thailand gewöhnlich in guten Händen, besitzt das Land doch eines der besten medizinischen Versorgungssysteme Asiens.

KRANKENVERSICHERUNG

Der Abschluss einer Auslandsreise-krankenversicherung ist ratsam.

KRANKENHAUS

Die über 500 Provinzkrankenhäuser sind nahezu alle mit modernem medizinischen Gerät ausgestattet, fast immer findet sich auch ein Arzt mit guten Englischkenntnissen. Nur für den Fall einer ernsthaften Erkrankung sollte man sich in eines der vielen ausgezeichneten Krankenhäuser Bangkoks begeben. Deutsche Patienten müssen alle Rechnungen bar bezahlen. Lassen Sie sich für die Abrechnung mit der Krankenkasse zu Hause zur leichteren Abwicklung alle Quittungen auf Englisch ausschreiben.

Bangkok Adventist Hospital

▸ Klappe hinten, östl. f 2

430 Phitsanulok Rd. • Tel. 02/
2 81 14 2

Ram Hospital ▸ S. 63, b 2

8 Thanon Boonruangrit, Chiang Mai •
Tel. 0 53/22 48 61

APOTHEKEN

Die meisten Apotheken haben täglich von 10–20 Uhr geöffnet, in touristisch stark frequentierten Orten während der Hauptsaison auch wesentlich länger.

MENSCHEN MIT BEHINDERUNG

Wie in fast allen Ländern Asiens sind behindertengerechte Einrichtungen auch in Thailand fast völlig unbekannt. Herabgesenkte Bordsteinkanten, Rampen oder Aufzüge findet man nur äußerst selten. Dies ist umso problematischer, als viele Tempel und Pagoden auf Hügeln oder in unwegsamen ländlichen Gebieten errichtet wurden. Die Hilfsbereitschaft der Thais lässt zwar viele Hindernisse überwinden, doch ohne eine mitreisende Begleitperson, die sich ganz in den Dienst des Behinderten stellt, muss von einer Thailandreise abgeraten werden.

NOTRUF

Notruf Tel. 1 91
(Polizei, Feuerwehr,
Rettungsdienst)
Tourist Police Tel. 1 95, 11 55

POST

Die Post arbeitet in der Regel ausgesprochen zuverlässig und effizient. So beträgt die Laufzeit einer Postkarte bzw. eines Briefes bis 10 g nach Europa selten länger als eine Woche, zum Teil sogar noch weniger.

Da es in letzter Zeit vereinzelt zu Klagen über verloren gegangene Pakete gekommen ist, die von Provinzpostämtern abgeschickt worden sind, empfiehlt es sich, seine Pakete im Hauptpostamt in Bangkok an der New Road zwischen dem Hauptbahnhof und dem Oriental Hotel aufzugeben. In diesem großen, übersichtlichen Gebäude gibt es außerdem einen Poste-Restante-Schalter, wo man sich von zu Hause abgeschickte Briefe jederzeit abholen kann, sowie einen hervorragenden Parcel-Packing-Service, wo man sich vom geschulten, freundlichen Personal ein Paket ordnungsgemäß verpacken lassen kann.

Die Briefkästen in Thailand sind rot. Briefmarken erhält man in allen Postämtern oder direkt vom Postkartenverkäufer. Eine Postkarte nach Deutschland, Österreich und in die Schweiz kostet 15 Baht.

REISEDOKUMENTE

Deutsche, Österreicher und Schweizer können mit einem mindestens noch sechs Monate nach dem Einreisetermin gültigen Reisepass einreisen. Kinder benötigen einen Kinderreisepass, der ebenfalls noch sechs Monate gültig sein muss. Der deutsche Kinderausweis (wird seit 2006 nicht mehr ausgestellt) wird nicht anerkannt! Bei Aufenthalten von einer Dauer bis zu 30 Tagen ist kein Visum erforderlich. Wer länger bleiben will, hat die Wahl zwischen einem Touristenvisum (60 Tage, 25 €) und einem Non-Immigrant-Visum (90 Tage, 50 €). Die jeweiligen Visa werden bei der nächstgelegenen Botschaft bzw. beim Konsulat ausgestellt. Weitere Informationen zu den Einreisebestimmungen können bei der thailändischen Botschaft in Berlin erfragt werden und der Website www.immigration.go.th entnommen werden.

REISEKNIGGE

Andere Länder, andere Sitten. Dies gilt vor allem für Reisen in einen anderen Kulturkreis und insbesondere in ein Land wie Thailand, in dem die Menschen extrem viel Wert auf korrektes und gepflegtes Auftreten legen. Zwar sind die Thais bekannt für ihre Toleranz gegenüber Ausländern und übersehen Fehlverhalten meist generös. »MAI PEN RAI!« (das macht nichts!) ist die viel gehörte Formel, mit der sie fast alles verzeihen. Dennoch gibt es Grenzen, die von taktlosen Touristen leider immer wieder überschritten werden. Hier eine kleine Liste von Regeln, die im Umgang mit den Thais beachtet werden sollten: Lächeln, ein bescheidenes Auftreten und ein gepflegtes Äußeres werden besonders geschätzt. Lautstarkes Auftreten in der Öffentlichkeit gilt als unhöflich, denn Lärm ist den Thais gleichbedeutend mit Aggression. Wer in Konfliktsituationen herumbrüllt, macht sich lächerlich und bekommt erst recht nicht das, was er will.

Mittelwerte	JAN	FEB	MÄR	APR	MAI	JUN	JUL	AUG	SEP	OKT	NOV	DEZ
Tages-temperatur	32	33	34	35	34	33	32	32	32	32	31	31
Nacht-temperatur	20	23	25	26	25	25	25	25	24	24	23	21
Sonnen-stunden	9	9	9	8	7	5	6	5	5	6	8	8
Regentage pro Monat	2	3	4	6	16	16	18	21	21	22	4	2
Wasser-temperatur	26	27	27	28	28	28	28	28	28	27	27	27

Händeschütteln ist in Thailand unüblich. Stattdessen begrüßt man sich mit dem »Wai«, wobei die Handflächen etwa auf Brusthöhe wie zum Gebet aneinander gelegt werden. Unterstützt wird der »Wai« durch ein leichtes Senken des Kopfes.

Da der Kopf nach thailändischer Auffassung der Sitz der Seele ist, sollte er nicht berührt werden. Die Füße hingegen gelten als unrein, und so ist es unhöflich, seinem Gegenüber die Fußsohlen entgegenzustrecken. Absolut verwerflich wäre dieses Verhalten gegenüber einer Buddhafigur. Mönche genießen ein hohes Ansehen und dürfen von Frauen nicht berührt werden. In öffentlichen Bussen sitzen sie meist in der letzten Reihe, und man muss dort aufstehen, falls Mönche einsteigen. Mit keinerlei Toleranz kann ein Ausländer rechnen, wenn er sich abfällig über die verehrte königliche Familie äußert. Majestätsbeleidigung ist ein schweres Verbrechen, das mit Gefängnisstrafen geahndet wird.

Dass man Tempel oder Paläste nicht mit Shorts, einem Minirock oder schulterfrei betritt, sollte ebenso selbstverständlich sein wie die Regel, dass man vor Betreten eines Gotteshauses die Schuhe ablegt. Anfang 1997 erließ die Stadtverwaltung Bangkoks eine Bestimmung, wonach das Wegwerfen jedweder Art von Gegenständen (auch Zigarettenkippen) auf öffentlichen Straßen und Plätzen mit einer Strafe von bis zu 2000 Baht geahndet wird.

REISEZEIT UND KLIMA

Drei ausgeprägte Jahreszeiten lassen sich unterscheiden. Die schönste Reisezeit von Oktober bis Februar zeichnet sich durch erträgliche Temperaturen, eine vergleichsweise geringe Luftfeuchtigkeit und fast täglich blauen Himmel aus. Wer sich in diesen Monaten allerdings im Norden aufhält, sollte unbedingt warme Kleidung dabeihaben, da dort Nachttemperaturen von wenigen Grad über null nichts Ungewöhnliches sind. Die Monate März bis Juni sind durch wenig Niederschläge und eine extreme Hitze (40–45 °C sind keine Seltenheit) gekennzeichnet; hinzu kommt speziell in den Monaten Mai und Juni eine sehr hohe Luftfeuchtigkeit (bis zu 90 %). Je heißer die Jahreszeit, desto größer ist die Erkältungsgefahr, weil dann der Unterschied zwischen der Hitze draußen und der für Europäer arktischen Kälte, verbreitet von Klimaanlagen, in Hotels, Restaurants und Shoppingcentern besonders gefährlich ist. Ein Pullover sollte also stets griffbereit im Handgepäck liegen. Wegen der hohen Luftfeuchtigkeit empfiehlt es sich überdies, möglichst Kleidung aus Baumwolle zu tragen.

Die wenigsten Touristen verzeichnet Thailand während der Monsunzeit von Juli bis Oktober. Doch regnet es selten ununterbrochen mehrere Tage durch. Jene Reisende, die es vor allem an die tropischen Küsten Südthailands zieht, sollten bei ihrer Reiseplanung bedenken, dass die Südostküste jedes Jahr im November/Dezember von stürmischen Unwettern heimgesucht wird.

STROM

Die elektrische Spannung beträgt 220 Volt Wechselstrom. Für elektrische Geräte wird ein Steckeradapter benötigt, da die Steckdosen oft nur für Flachstecker amerikanischer Norm geeignet sind.

TELEFON
VORWAHLEN

D, A, CH ▸ Thailand 00 66
Thailand ▸ D 0 01 49
Thailand ▸ A 0 01 43
Thailand ▸ CH 0 01 41

Trotz des jüngsten Modernisierungssprungs ist das Telefonieren in Thailand zuweilen immer noch mit Hindernissen verbunden. Nach wie vor sind vornehmlich Münztelefone im Einsatz, ein Ortsgespräch kostet 1 Baht für drei Minuten. Aber Achtung: immer gleich mehrere Münzen bereithalten, da von den drei verschiedenen im Umlauf befindlichen 1-Baht-Münzen nur die älteren verwendet werden können.

Ein dreiminütiges Telefonat nach Mitteleuropa im Selbstwählverfahren kostet 108 Baht. Hotels der oberen Kategorie verlangen zum Teil saftige Vermittlungsgebühren. Mobiltelefone sind in Thailand sehr weit verbreitet. In Bangkok scheint keiner, der was auf sich hält, ohne dieses Statussymbol herumzulaufen. Handyanschlüsse haben die Vorwahl 01.

TRINKGELD

Selbst dann, wenn wie in vielen Restaurants auf der Rechnung unter der Rubrik »Service Charge« ein Betrag aufgeführt ist, der automatisch angerechnet wird, erwarten die Kellner dennoch einen »tip«. Sehr zu Recht, denn von ihrem geringen Gehalt allein können sie nicht leben. 10 % sind angebracht; 10–20 Baht für Serviceleistungen im Hotel (Portiers, Zimmermädchen) sollte man ebenfalls bereithalten. Taxifahrer erwarten in der Regel kein Trinkgeld – und sind umso positiver überrascht, wenn sie dennoch eins bekommen.

VERKEHR
AUTO

Obwohl Thailand über eines der dichtesten Verkehrsnetze ganz Asiens verfügt und sich die Straßen in einem ausgezeichneten Zustand befinden, erkunden auffallend wenig Touristen das Land mit dem Auto. Wenn man weiß, dass so gut wie kein Verkehrsteilnehmer in Thailand jemals so etwas wie eine Fahrschule besucht hat, und man zudem die rustikale Fahrweise vieler Autofahrer erlebt hat, verwundert die erschreckend hohe (offizielle) Zahl von über 20 000 Verkehrstoten im Jahr kaum noch. Allgemein gültige Verkehrsregeln wie das Linksfahrgebot, die Einhaltung der Höchstgeschwindigkeit von 60 km/h in Städten und 80 km/h auf Highways scheinen vielen Fahrern absolut unbekannt zu sein. Anerkannt wird lediglich die Regel, dass die größten Fahrzeuge auch die meisten Rechte haben – dementsprechend rücksichtslos fahren LKW- und Busfahrer.

BUS

Es gibt wohl kein noch so abgelegenes Dorf in Thailand, das nicht per Bus zu erreichen wäre. Das äußerst engmaschige Verkehrsnetz, zusammen mit den im Vergleich zur Bahn günstigen Preisen und der höheren Geschwindigkeit, haben Busse zum mit Abstand meistbenützten öffentlichen Verkehrsmittel in Thailand werden lassen. Grundsätzlich gilt zu unterscheiden zwischen AC- und Non-AC-Bussen. Die Erstgenannten sind nicht nur klimatisiert, sondern insgesamt wesentlich komfortabler, was Beinfreiheit, Federung und Ähnliches betrifft. Dafür zahlt man jedoch auch etwa 50 % mehr als bei den nicht klimatisierten. Noch luxuriöser und teurer sind die in den letzten Jahren immer beliebter werdenden VIP-Busse. Hier verfügt jeder Gast über einen individuell verstellbaren Sessel und eigene Kopfhörer, erhält von einer Stewardess kleine Snacks und Getränke (im Preis enthalten) und kann sich an den meist infernalisch lauten und blutrünstigen Videos »erfreuen«, die während der Fahrt zu Unterhaltung der Fahrgäste gezeigt werden. Im Übrigen sind die Klimaanlagen oftmals derart kalt eingestellt, dass die Mitnahme eines Pullovers und warmer Socken unbedingt anzuraten ist.

FLUGZEUG

Besonders für jene Reisende, die in relativ kurzer Zeit möglichst viel vom Land sehen möchten, ist das Flugzeug das beste Fortbewegungsmittel. Gerade auf solchen Strecken wie Chiang Mai–Mae Hong Son oder Bangkok–Phuket, die ansonsten eine zeit- und kräftezehrende Reise mit Bus oder Eisenbahn bedeuten, empfiehlt es sich zu fliegen, zumal die Preise für europäische Verhältnisse vergleichsweise niedrig sind. Geflogen wird auf längeren Strecken mit modernen Airbussen oder Boeing 737, bei Kurzstrecken mit Turbo-Props, wobei alle Inlandsflüge Nichtraucherflüge sind.

MIETWAGEN

Bei der Vertragsunterzeichnung sind ein internationaler Führerschein und der Reisepass vorzulegen. Ein in Deutschland vorab gebuchter Mietwagen ist wesentlich preiswerter. In Bangkok zahlt man bei einer der international bekannten Firmen für einen Toyota pro Tag etwa 1800 Baht,

pro Woche circa 10 000 Baht. Billiger sind einheimische Firmen, die aber meist nur in Bangkok vertreten sind. Man kann sich für (mindestens) rund 400 Baht pro Tag auch einen Chauffeur mieten.

TAXIS

In letzter Zeit haben sich immer mehr die mit der Aufschrift »Taxi-Meter« versehenen Wagen durchgesetzt. Hierbei wird auf einer mitlaufenden Uhr der Fahrpreis angezeigt, sodass das früher nerven- und zeitraubende Verhandeln glücklicherweise entfällt.

TUK-TUKS UND SONGTAEWS

Die für Thailand so charakteristischen Tuk-Tuks, dreirädrige Motorräder mit einer kleinen Sitzbank hinter dem Fahrer, finden sich v. a. in den größeren Städten; allein in Bangkok soll es über 10 000 dieser knatternden (daher ihr Name) und stinkenden Vehikel geben. Der Vorteil gegenüber den Taxis liegt in ihrem um etwa ein Drittel günstigeren Preis (hart verhandeln) und in ihrer größeren Wendigkeit. Bei den Songtaews handelt es sich um die »größeren Verwandten« (Pick-ups).

ZUG

Wer es nicht eilig hat, dafür jedoch bequem und sicher reisen will, für den bietet sich die Eisenbahn als bestes Verkehrsmittel an. Besonders beliebt auf langen Strecken sind die Schlafwagen, sogenannte »sleeper«. Man kann wählen zwischen »lower« (unten) und »upper« (oben) »berth« (Bett), wobei das untere besser gepolstert ist und dementsprechend 30 bis 50 % (je nach Klasse) teurer ist. Wegen der großen Nachfrage speziell zu Feiertagen sollte man möglichst zwei Wochen im Voraus an einem der inzwischen fast landesweit computerisierten Bahnhofsschalter buchen. Die 1. Klasse ist zwar um einiges komfortabler als die 2. Klasse, doch rechtfertigt das den Aufpreis um über 100 % kaum. In der 3. Klasse muss man sich mit Holzbänken zufriedengeben.

ZEITVERSCHIEBUNG

In Thailand gilt die Indochina Time (MEZ + 5 Std. im Sommer, MEZ + 6 Std. im Winter).

ZEITUNGEN

Mit der Bangkok Post und The Nation erscheinen in Thailand zwei englischsprachige Zeitungen, die in ganz Asien einen hervorragenden Ruf genießen. Viele Hotels und bessere Buchhandlungen in der Nähe der Touristenviertel führen auch internationale Publikationen wie Time und Newsweek sowie einige deutsche Zeitungen wie Bild, FAZ und den Spiegel.

ZOLL

Bei der Einreise dürfen Thailändische Baht in unbegrenzter Höhe eingeführt werden. Reisende aus Deutschland und Österreich dürfen Waren im Wert von 300 €, bei Flug- bzw. Seereisen von 430 € (Jugendliche: 175 €) abgabenfrei mit nach Hause nehmen, Reisende aus der Schweiz im Wert von 300 SFr. Die Waren müssen für den privaten Gebrauch vorgesehen sein. Tabakwaren und Alkohol fallen nicht unter diese Grenze und bleiben in bestimmten Mengen abgabenfrei (z. B. 200 Zigaretten, 4 l Wein). Die Ausfuhr bestimmter Antiquitäten (z. B. Buddhafiguren) ist nur mit Genehmigung des Fine Arts Department erlaubt. Von der Ausfuhr bestimmter Lederprodukte (z. B. Krokodil oder Schlange) ist abzusehen. Die Einfuhr gefälschter Markenartikel wie Uhren oder Kleidung ins jeweilige Heimatland ist verboten.

Weitere Auskünfte erhalten Sie unter www.zoll. de, www.bmf.gv.at/zoll und www.zoll.ch.

ENTFERNUNGEN (IN KM) ZWISCHEN WICHTIGEN ORTEN

	Bangkok	Chiang Mai	Chiang Rai	Hat Yai	Hua Hin	Mae H. Son	Nakhon R.	Nong Khai	Phuket	Sukhothai	Surat Thani
Bangkok	–	710	845	1035	195	985	260	615	895	500	690
Chiang Mai	710	–	185	1745	820	275	750	755	1605	350	1400
Chiang Rai	845	185	–	1880	955	460	880	890	1740	480	1535
Hat Yai	1035	1745	1880	–	830	2020	1295	1650	480	1535	375
Hua Hin	195	820	955	830	–	1095	370	725	685	610	480
Mae H. Son	985	275	460	2020	1100	–	1025	1030	1880	540	1675
Nakhon R.	260	750	880	1295	370	1025	–	350	1155	515	950
Nong Khai	615	755	890	1650	725	1030	350	–	1510	520	1305
Phuket	895	1605	1740	480	685	1880	1155	1510	–	1395	315
Sukhothai	500	350	480	1535	610	540	515	520	1395	–	1190
Surat Thani	690	1400	1535	375	480	1675	950	1305	315	1190	–

Kartenatlas
Maßstab 1:2 500 000

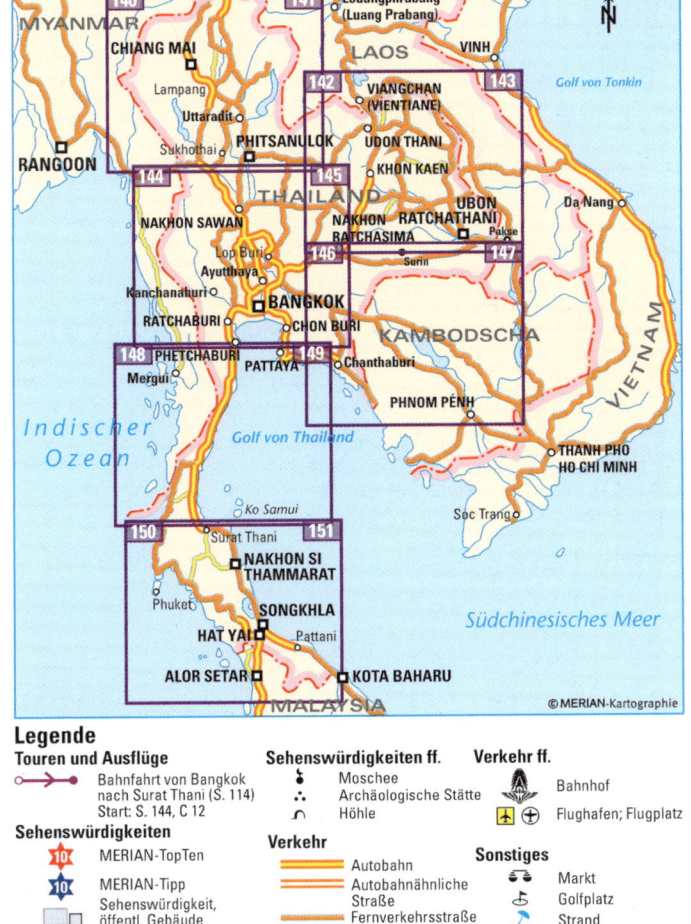

Legende

Touren und Ausflüge

○—→ Bahnfahrt von Bangkok
nach Surat Thani (S. 114)
Start: S. 144, C 12

Sehenswürdigkeiten

🔟 MERIAN-TopTen

🔟 MERIAN-Tipp

☐ Sehenswürdigkeit, öffentl. Gebäude

✳ Sehenswürdigkeit Kultur

✳ Sehenswürdigkeit Natur

▲ Buddhistischer Tempel

卍 Hinduistischer Tempel

Sehenswürdigkeiten ff.

♨ Moschee

∴ Archäologische Stätte

∩ Höhle

Verkehr

━━ Autobahn

━━ Autobahnähnliche Straße

━━ Fernverkehrsstraße

━━ Hauptstraße

━━ Nebenstraße

━━ Unbefestigte Straße, Weg

Verkehr ff.

🚩 Bahnhof

✈ ⊕ Flughafen; Flugplatz

Sonstiges

⚖ Markt

⛳ Golfplatz

🏖 Strand

☀ Aussichtspunkt

▭ Nationalpark

✿ Naturpark

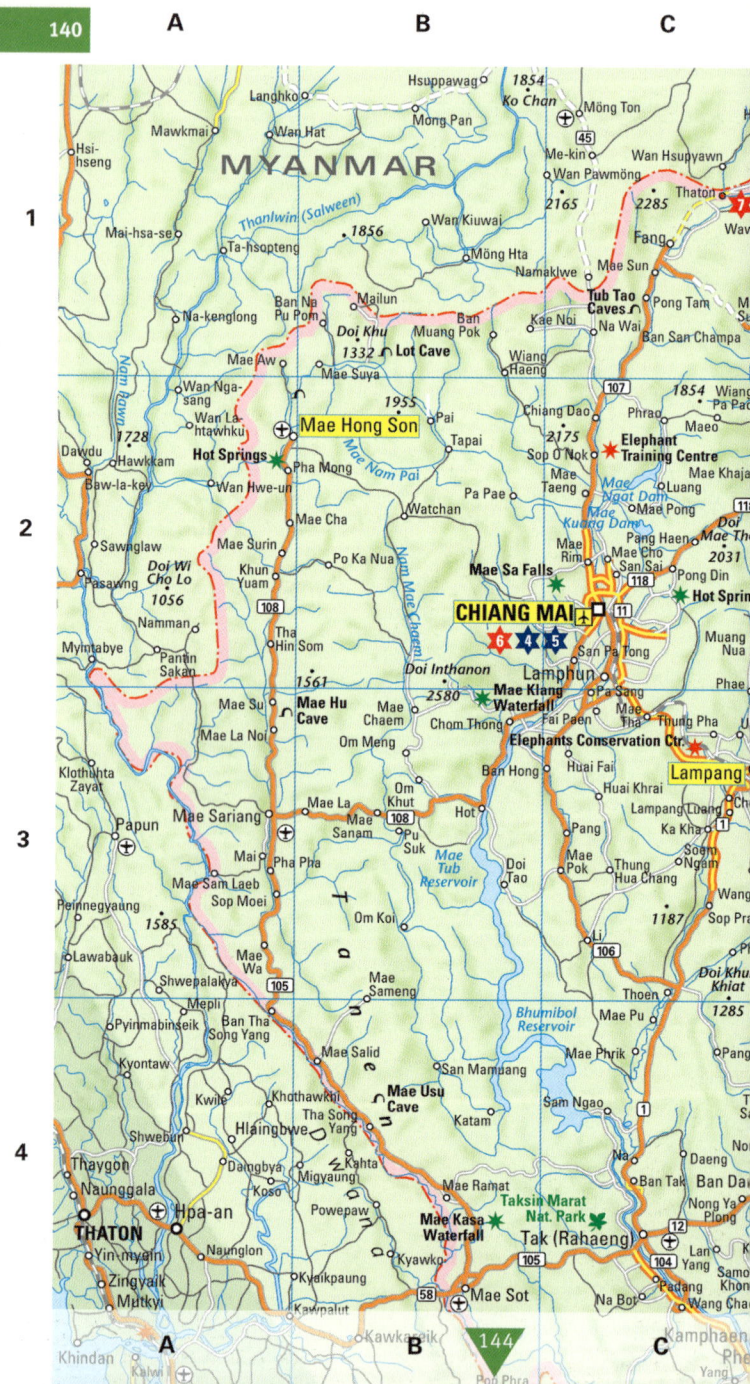

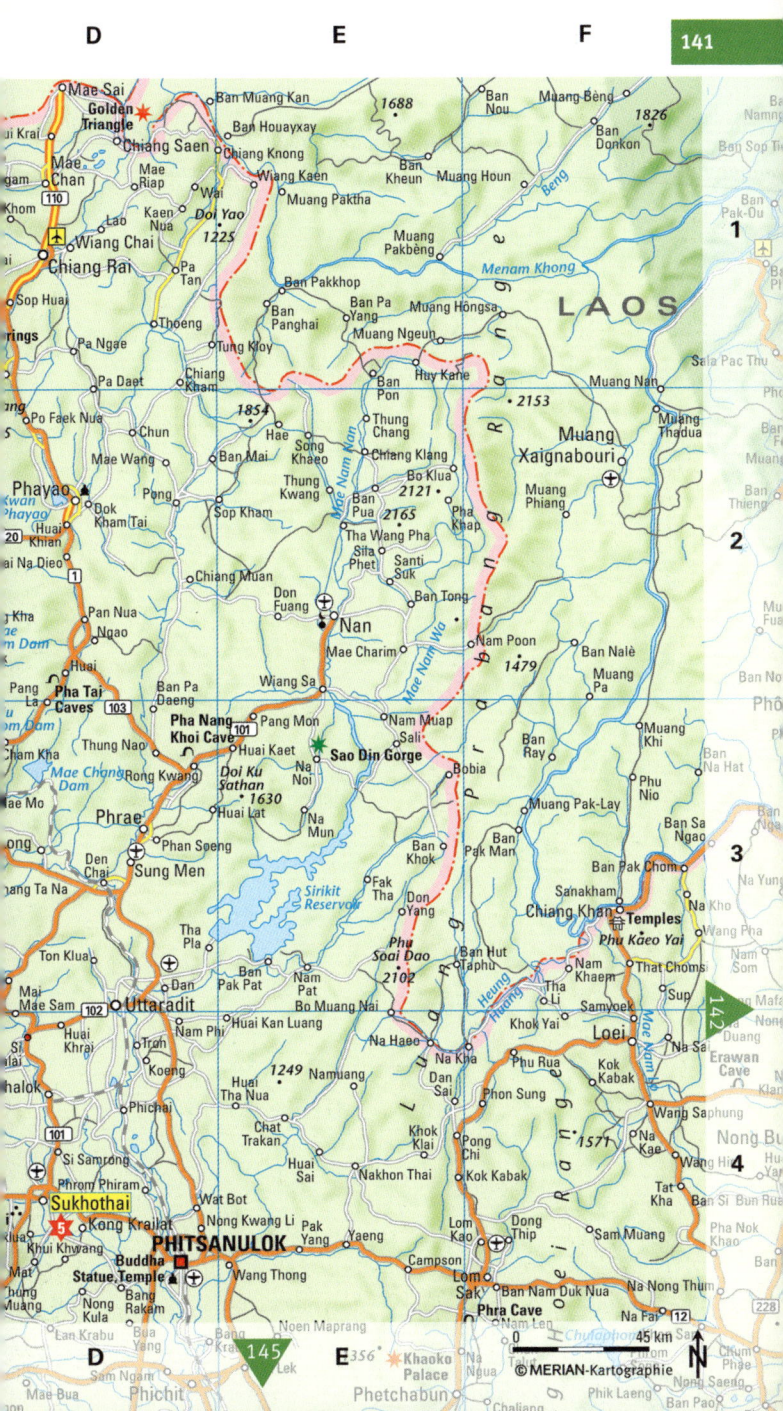

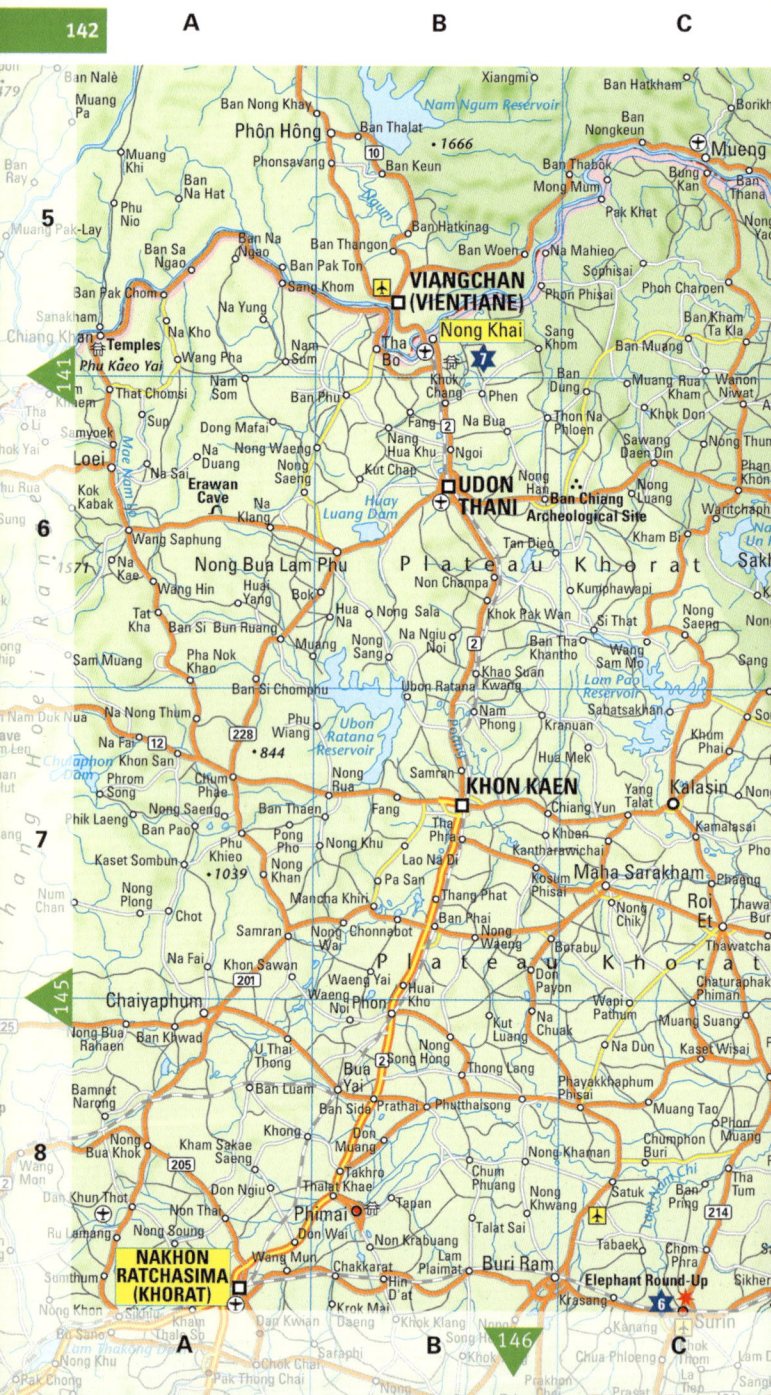

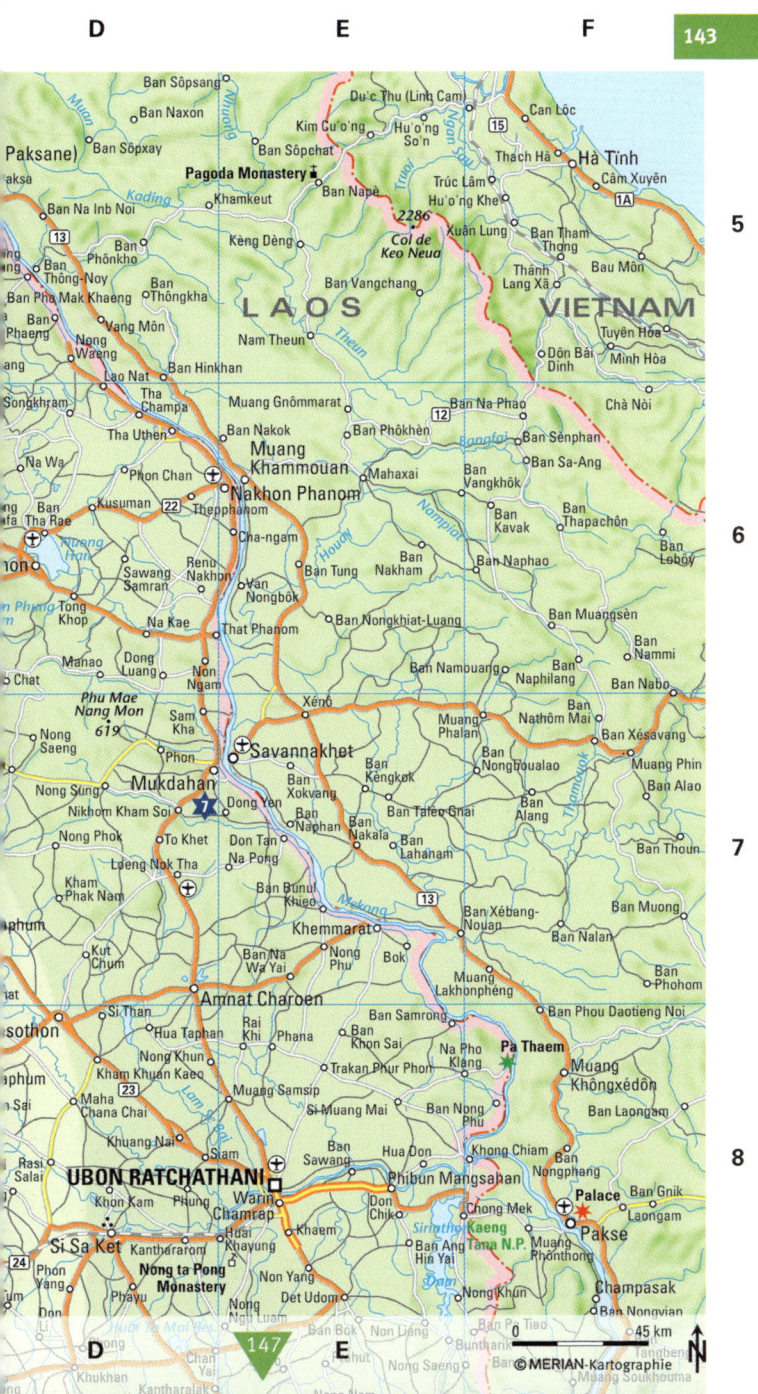

© MERIAN-Kartographie

0   45 km

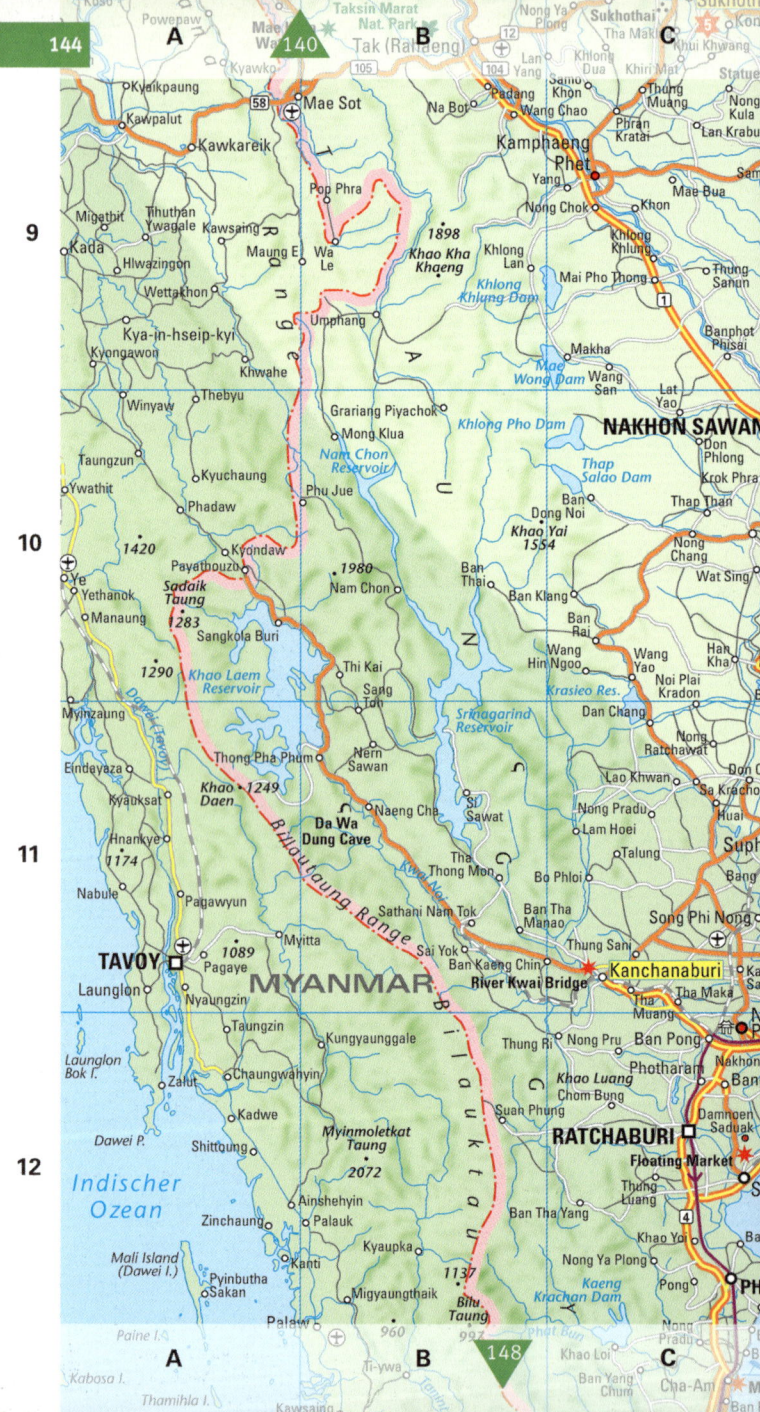

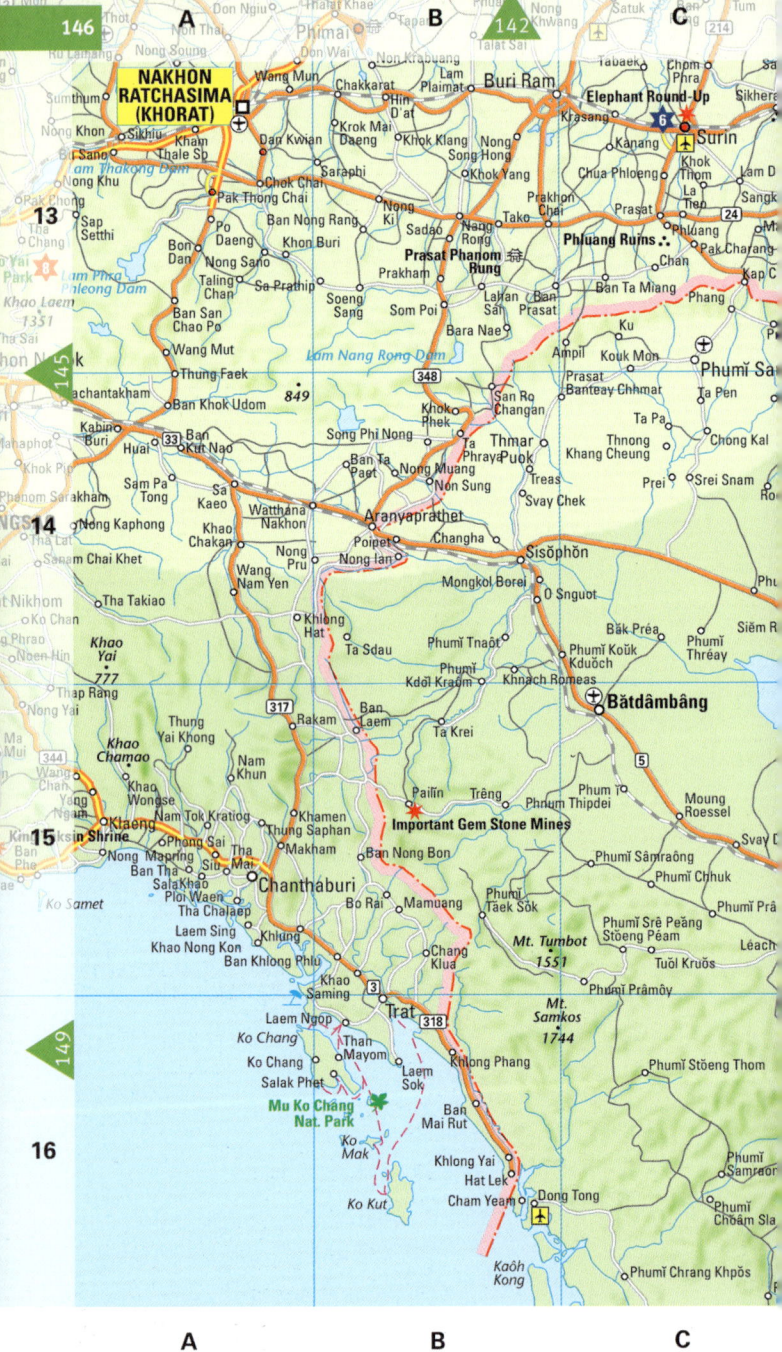

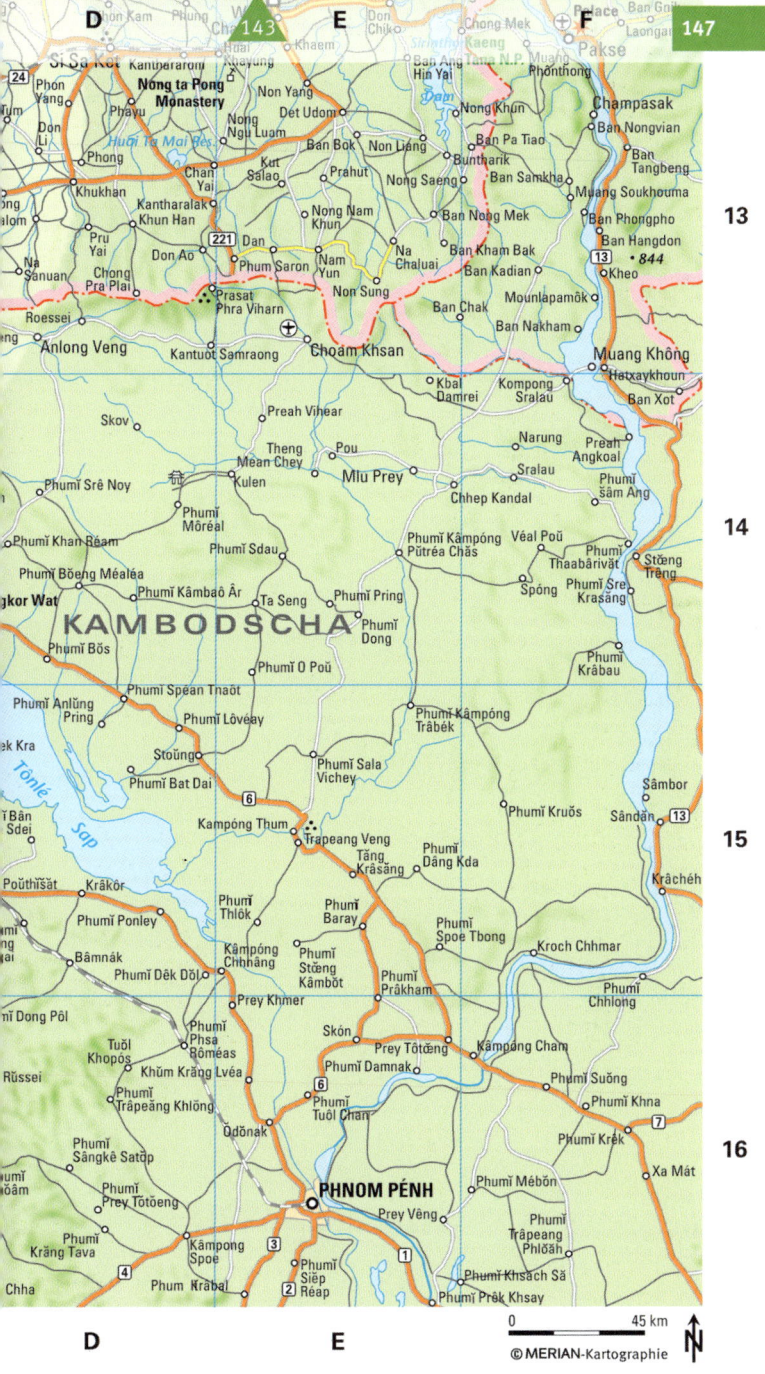

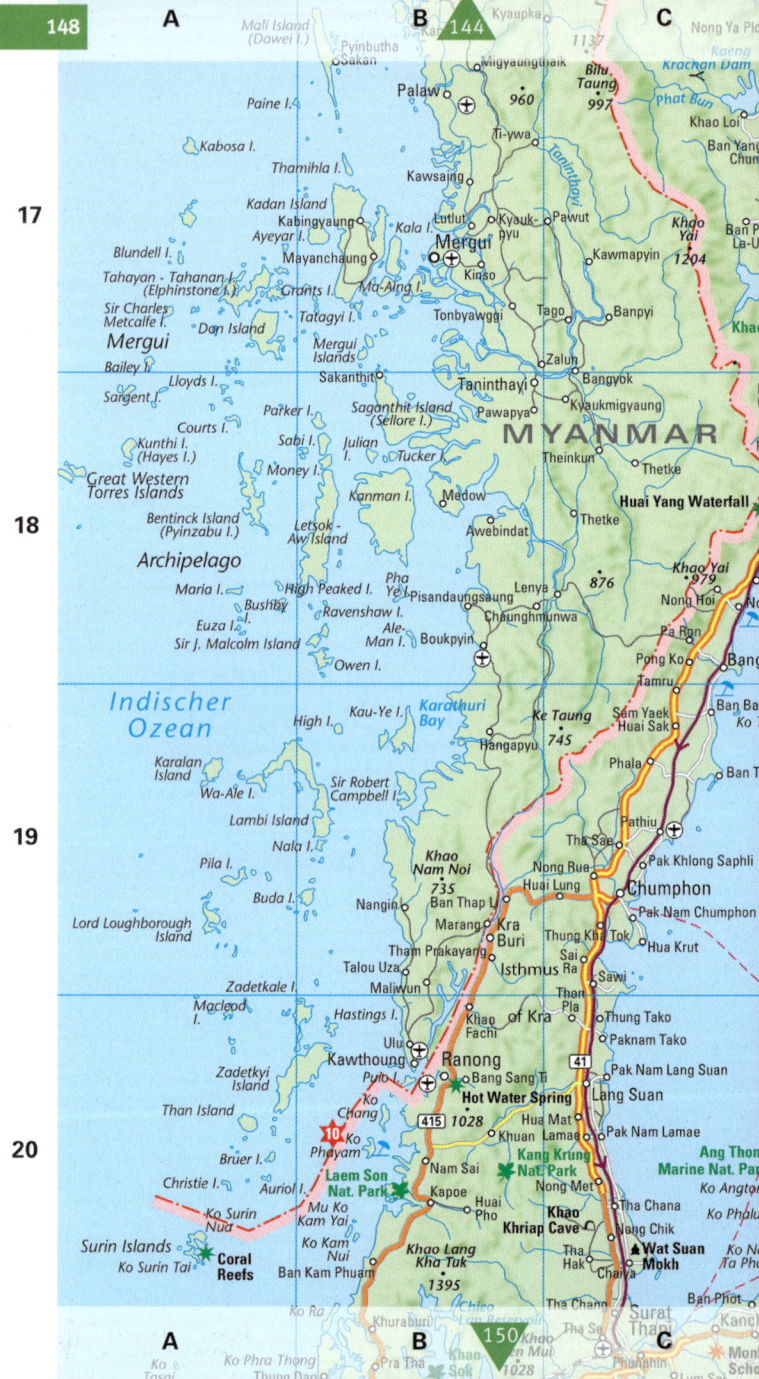

Ban Laem
Pak Thale

PHETCHABURI

Bucht von
Bangkok
Kosi Chang
Si Racha
Thap Ra
Nong Yai
777

Hat Chao Samran
Ban Khlong Puk Tian
Ban Tha

★ **Mirgadayavan Palace**
Ban Bang Sai Yoi

🟨 Hua Hin

Laem
Chabang
Khlong
Klam
Ma
Mui
344
Wang
Chan
Yang
Ngam

Bang Lamung
Ko Phai

PATTAYA

Hat Noi
Ko Khram Yai
Sattahip
RAYONG
Ban
Chang Ban
Khai
Map Khao Wan

Kmg Taksin Shrine
Ban
Phe
Pae
Khao
Chamao
Khao
Wongse
Nam Tok Kratong
Klaeng
Nong Mapring
Ban Tha
Sala Khao
Ploi Waen
Tha Chalaep
Laem Sing
Khao Nong Kon
Phong Sai

Nam
Khun
Tha
Siu
Ma
Khlung
Ban Khlong P

Am

Tai

Ban Pak
Nam Pran
Pran Buri
Phu Noi
▲ **Kaew Cave**
Ban Khung
Tanot

Kui Buri

Ko Samaesan
Ko Chuang
Ko Samet
Ko Samet

17

Laem
Chang
Ko Chang
Salak P
Mu Ko

146

Sup Nam

Prachuap Khirikhan

Suan Khwan
ai Yang

eng A-Run

kae
ng

18

G o l f   v o n   T h a i l a n d

Noi

19

Ko Tao
Ban Mae Hat

★ **Waterfalls**
★ Ko Phangan
Thong
Sala
🔺9

✈ Ko Samui
• 635
★ **Hin To-Hin Yai Rocks**
Ko Tan

athon

20

Khanom

Sichon

0   45 km

Ⓒ MERIAN-Kartographie

N

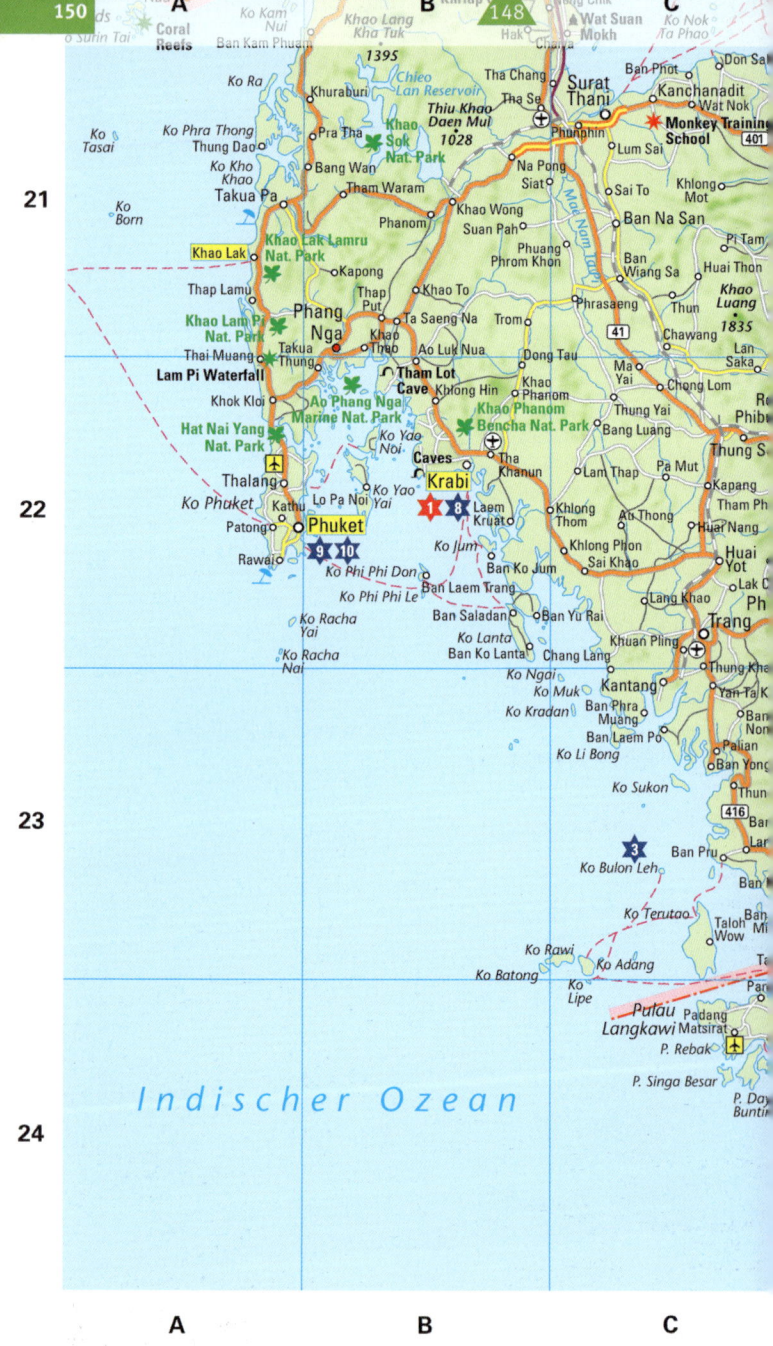

Ko Samui
35
Hin To-Hin Yai Rocks
Tan

21

Kiang

Sala

NAKHON SI THAMMARAT
Pak Phanang
Don Tro — Ban Pak Phraek
Bo Lo
on
ai — Hua Sai
Cha-Vat
Ban Laem — Map Bua
Thale
Noi — Ranot
Khuan
Khanun — Thale
ng — Lam Pam — Luang
ong — Di Luang
Chaison — ★ Khu Khut
Waterbird Park
★ Hot Springs
od — Ban Pa Bon Dam
ls — Ban Tha La — Nua — Ban Sai Khao
Khuan
Niang
ak Wa — Rattaphum — □ SONGKHLA
Chum Pho
408 — ✈ HAT YAI
ua — Chana — Thepha — Laem Pho
Ban Bo — Pattani — Panare
Khuan Ka Long — Ban Lam — Metchun — Yaring
Khlong Ngae — Phai — 410
Na Thawi — Mayo — Sai Buri
Chalung — Sadao — Khu Ha — 42
Kaki Bukit — Yala — Ton Sai
Beseri — Ban Wang Sai — Niang — Raman
angar — Changlun — Dung Na Ma — Yaha — Kotabaru — Buso — Narathiwat
Kuala
Perlis — 1 — Kampong Padang — Sako — Marubo
Kampong — Sanai — Bannang Sata — Rangae — Kha Lae — Tak Bai
Asun — Kuala — Si Sakhon — Kg. Sungae — Huru
Ayer Hitam — Jitra — Nerung — Than To
Alor Setar — Naka — ★ Thai To — Pasir Mas
Waterfalls — Bang — Kolok
Kota Sarang Semut — Pendang — Kampong Pinang — Lang Dam — Waeng
Simpang Tiga — 410 — Sukhirin — Sungai Keladi
Bujang Valley — Yan — Gurun — Jeniang — Betong — Lake — Batu
Singkin Darat — ★ — Sungai — Keroh — Temengor — Melintang — Jeli
Kg. Bagan Ulu — Petani — Tawar — MALAYSIA

Golf von

Thailand

22

23

24

0 ____ 45 km

© MERIAN-Kartographie
N

Kartenregister

Akat Amnuai 143, D6
Amnat Charoen 143, D7
Ang Thong 145, D11
Ao Luk Nua 150, B22
At Samat 142, C7
Au Thong 150, C22
Ayutthaya 145, D11

Bamnet 142, A8
Ban 146, B16
Ban Ang Hin Yai 143, E8
Ban Bang Sai Yoi 147, D17
Ban Bang Saphan Noi 146, C19
Ban Bo Metchun 151, E23
Ban Bok 147, E13
Ban Bunul Khieo 143, E7
Ban Chang 147, E17
Ban Che Milang 151, D23
Ban Dan Lan Hoi 140, C4
Ban Dong Bang 143, D5
Ban Dong Noi 144, C10
Ban Dung 142, C6
Ban Hong 140, C3
Ban Huai Yang 146, C18
Ban Kaeng Chin 144, C11
Ban Kam Phuam 146, B20
Ban Kan Chu 145, E9
Ban Khai 147, F17
Ban Kham Bak 147, E13
Ban Kham Ta Kla 142, C5
Ban Khao Sai 145, D9
Ban Khlong Kua 151, D23
Ban Khlong Phlu 146, B15
Ban Khlong Puk Tian 147, D17
Ban Khok 141, E3
Ban Khok Udom 145, F11
Ban Khon Sao 143, E8
Ban Khung Tanot 147, D17
Ban Khwad 142, A8
Ban Klang 144, C10
Ban Ko Jum 150, B22
Ban Ko Lanta 150, B22
Ban Kut Nao 145, F11
Ban Laem 144, C12
Ban Laem 145, F12
Ban Laem 151, D22
Ban Laem Po 150, C23
Ban Laem Trang 150, B22
Ban Lam Phai 151, E23
Ban Luam 142, A8
Ban Mae Hat 147, D20
Ban Mai 141, D2
Ban Mi 145, D10
Ban Muang 142, C5
Ban Muang Pok 140, B1
Ban Na 145, E11
Ban Na Pu Pom 140, B1
Ban Na San 150, C21
Ban Na Wa Yai 143, E7
Ban Nak Wa 151, D23
Ban Nam Duk Nua 141, F4
Ban Nam Wing 145, D10
Ban Nong Bon 146, B15
Ban Nong Kan 150, C23
Ban Nong Mek 147, E13
Ban Nong Phu 143, F8
Ban Nong Rang 145, F11
Ban Nong Sano 147, D17
Ban O 140, C3
Ban Pa Bon Dam 151, D23
Ban Pa Daeng 141, D3
Ban Pa La-U 146, C17
Ban Pa Tiao 147, F13
Ban Pak Chom 141, F3
Ban Pak Nam Pran 147, D17
Ban Pak Pat 141, E3
Ban Pak Phraek 151, D22

Ban Pang 145, E10
Ban Pao 142, A7
Ban Phaen 144, C12
Ban Phaeng 143, D5
Ban Phai 142, B7
Ban Phe 147, F17
Ban Pho Mak Khaeng 143, D5
Ban Phot 146, C20
Ban Phra Muang 150, C23
Ban Phu 142, B6
Ban Phu Toei 145, E10
Ban Pon 141, E1
Ban Pong 144, C12
Ban Prae 151, D23
Ban Prasat 146, B13
Ban Pring 142, C8
Ban Pru 150, C23
Ban Pua 141, E2
Ban Rai 144, C10
Ban Sai Khao 151, D23
Ban Saladan 150, B22
Ban Samrong 143, E8
Ban San Champa 140, C1
Ban San Chao Po 145, F11
Ban Sawang 143, E8
Ban Si Bun Ruang 142, A6
Ban Si Chomphu 142, A6
Ban Sida 142, B8
Ban Ta Miang 146, C13
Ban Ta Paet 145, F12
Ban Tak 140, C4
Ban Tha 147, D17
Ban Tha Daeng 145, E9
Ban Tha Khantho 142, C6
Ban Tha La 151, D23
Ban Tha Manao 144, B11
Ban Tha Rae 143, D6
Ban Tha Sala 146, A15
Ban Tha Sao 145, E11
Ban Tha Song Yang 140, A4
Ban Tha Yang 144, C12
Ban Thaen 142, B7
Ban Thai 144, B10
Ban Tham Thong 146, C19
Ban Thana 142, C5
Ban Thap Li 146, B19
Ban Tong 141, E2
Ban Wang Sai 151, D23
Ban Wiang Sa 150, C21
Ban Yang Chum 146, C17
Ban Yang Chum 146, C18
Ban Yong Sata 150, C23
Ban Yu Rai 150, B22

Bang 141, D4
Bang Kanak 145, E12
Bang Krathum 145, D9
Bang Lamung 145, E12
Bang Luang 150, C22
Bang Mun Nak 145, D9
Bang Pa-In 145, D11
Bang Pakong 145, E12
Bang Phae 144, C12
Bang Pla Ma 145, D11
Bang Rachan 145, D10
Bang Sang Ti 146, B20
Bang Saphan 146, C18
Bang Wan 150, B21
Bang Yai 145, D12
Bangkok (Krung Thep) 145, D12
Bannang Sata 151, E24
Banphot Phisai 144, C9
Bara Nae 146, B13
Bo Klua 141, E2
Bo Lo 151, D22
Bo Muang Nai 141, E4
Bo Phloi 144, C11

Bo Rai 146, B15
Bobia 141, E3
Bok 142, B6
Bok 143, E7
Bon Dan 145, F11
Borabu 142, B7
Bu Sano 145, E11
Bua 142, B8
Bua Khok 142, A8
Bua Yang 144, C9
Bung Kan 142, C5
Bung Sam Phan 145, E10
Buntharik 147, E13
Buri Ram 142, B8

Campson 141, E4
Cha-Am 147, D17
Cha-Vat 151, D22
Chachoengsao 145, E12
Chai 141, D3
Chai Badan 145, E10
Chai Nat 145, D10
Chaison 151, D22
Chaiya 146, C20
Chaiyaphum 142, A8
Chakkarat 142, B8
Chalam Nae 145, D10
Chaliang Lap 145, E9
Chalung 151, D23
Cham Kha 141, D3
Chan 141, D1
Chan 146, C13
Chan Talut 145, E9
Chan Yai 147, D13
Chana 151, E23
Chang Klua 146, B15
Chang Lang 150, C23
Chanthaburi 146, A15
Chat 143, D6
Chat Trakan 141, E4
Chaturaphak Phiman 142, C7
Chawang 150, C21
Chiang Dao 140, C2
Chiang Kham 141, D1
Chiang Khan 141, F3
Chiang Klang 141, E2
Chiang Knong 141, E1
Chiang Mai 140, C2
Chiang Muan 141, D2
Chiang Rai 141, D1
Chiang Saen 141, D1
Chiang Yun 142, B7
Chok Chai 145, F11
Chom Bung 144, C12
Chom Phra 142, C8
Chom Thong 140, B3
Chomphu 140, C3
Chon Buri 145, E12
Chon Daen 145, D9
Chong Lom 150, C22
Chong Mek 143, E8
Chong Pra Plai 147, D13
Chonnabot 142, B7
Chot 142, A7
Chua Phloeng 146, C13
Chum Phae 142, A7
Chum Pho 151, D23
Chum Phuang 142, B8
Chumphon 146, C19
Chumphon Buri 142, C8
Chun 141, D2

Daeng 140, C4
Damnoen Saduak 144, C12
Dan 141, D3
Dan 147, E13
Dan Chang 144, C11
Dan Khun Thot 142, A8
Dan Kwain 145, F11
Dan Sai 141, E4
Den 141, D3

Det Udom 143, E8
Di Luang 151, D22
Doi Tao 140, B3
Dok Kham Tai 141, D2
Don Ao 147, D13
Don Chedi 144, C11
Don Chik 143, E8
Don Fuang 141, E2
Don Li 147, D13
Don Muang 142, B8
Don Ngiu 142, A8
Don Payon 142, B7
Don Phlong 144, C10
Don Sai 151, D22
Don Sak 146, C20
Don Tan 143, E7
Don Tro 151, D22
Don Wai 142, A8
Don Yang 141, E3
Dong 147, D13
Dong Luang 143, D6
Dong Mafa 143, D6
Dong Mafai 142, A6
Dong Tau 150, B22
Dong Thip 141, F4
Dong Yen 143, E7
Dung Na Ma 151, E24

Fai Huai Hin 145, E10
Fai Paen 140, C3
Fak Tha 141, E3
Fang 140, C1
Fang 142, B6
Fang 142, B7

Grariang Piyachok 144, B10

Hae 141, E2
Han 144, C10
Hat Chao Samran 144, C12
Hat Lek 146, B16
Hat Noi 147, E17
Hat Yai 151, D23
Hin D'At 142, B8
Hin Taek 141, D1
Hot 140, B3
Hua Chang 143, D8
Hua Don 143, E8
Hua Hin 147, D17
Hua Khok 145, D11
Hua Krut 146, C19
Hua Mat 146, C20
Hua Mek 142, C7
Hua Na 142, B6
Hua Sai 151, D22
Hua Taphan 143, D8
Hua Thanon 145, D10
Huai 141, D2
Huai 144, C11
Huai 145, F11
Huai 146, B22
Huai Fai 140, C3
Huai Kaet 141, E3
Huai Kan Luang 141, E4
Huai Khayung 143, E8
Huai Khian 141, D2
Huai Kho 142, B7
Huai Khom 141, D1
Huai Khot 145, D10
Huai Khrai 140, C1
Huai Khrai 140, C3
Huai Khrai 141, D4
Huai Lat 141, D3
Huai Luang 140, C2
Huai Lung 146, C19
Huai Na 145, E9
Huai Nang 150, C22
Huai Sai 141, E4
Huai Sai Tai 147, D17
Huai Tha Nua 141, E4
Huai Thon 150, C21

Huai Yang 142, A6
Huai Yot 150, C22
Hui Krai 141, D1
Huy Kane 141, E1

In Burr Khok Khanun 145, D10

Ka Kha 140, C3
Kabin Buri 145, E11
Kae Noi 140, B1
Kaen Nua 141, D1
Kalasin 142, C7
Kamalasai 142, C7
Kamphaeng Phet 144, C9
Kamphaeog Saen 144, C11
Kanang 146, C13
Kanchanaburi 144, C11
Kanchanadit 150, C21
Kantang 150, C23
Kantharalak 147, D13
Kanthararom 143, D8
Kantharawichai 142, C7
Kap Choeng 146, C13
Kapang 150, C22
Kapoe 146, B20
Kapong 150, B21
Kaset Sombun 142, A7
Kaset Wisai 142, C8
Katam 140, B4
Kathu 150, A22
Kg. Sungae 151, F24
Kha 144, C10
Kha Lae Huru 151, F24
Khaem 143, E8
Kham Bi 142, C6
Kham Khuan Kaeo 143, D8
Kham Phak Nam 143, D7
Kham Sakae Saeng 142, A8
Kham Thale So 145, F10
Khamen 146, A15
Khang Ta Na 141, D3
Khanom 151, D21
Khao Chakan 145, F12
Khao Fachi 146, B20
Khao Lak 150, A21
Khao Loi 146, C17
Khao Nong Kon 146, A15
Khao Phanom 150, B22
Khao Ploi Waen 146, A15
Khao Saming 146, B15
Khao Suan Kwang 142, B6
Khao Thao 150, B21
Khao To 150, B21
Khao Wong 150, B21
Khao Wongse 146, A15
Khao Yoi 144, C12
Khemmarat 143, E7
Khiri Mat 141, E3
Khlong Dua 140, C4
Khlong Hat 145, F12
Khlong Hin 150, B22
Khlong Khanan 145, D11
Khlong Khlung 144, C9
Khlong Khwang 145, E12
Khlong Klam 145, E12
Khlong Lan 144, B9
Khlong Mot 150, C21
Khlong Ngae 151, D23
Khlong Phang 146, B16
Khlong Phon 150, C22
Khlong Thom 150, C22
Khlong Yai 146, B16
Khlung 146, A15
Khok Chang 142, B6
Khok Don 142, C6
Khok Kham Tai 144, C10
Khok Klai 141, E4
Khok Klang 146, B13
Khok Kloi 150, A22
Khok Pak Wan 142, B6
Khok Phek 146, B14

Khok Pip 145, E12
Khok Samrong 145, D10
Khok Thom 146, C13
Khok Yai 141, F4
Khok Yang 146, B13
Khon 144, C9
Khon Buri 145, F11
Khon Kaen 142, B7
Khon Kam 143, D8
Khon San 142, A7
Khon Sawan 142, A7
Khong 142, A8
Khong Chiam 143, F8
Khong Khi Sua 145, D11
Khu Ha 151, E23
Khuan 142, B7
Khuan 146, B20
Khuan Ka Long 151, D23
Khuan Khanun 151, D22
Khuan Niang 151, D23
Khuan Pling 150, C22
Khuang Nai 143, D8
Khuchinarai 143, D7
Khui Khwang 141, D4
Khukhan 147, D13
Khum Phai 142, C7
Khun Han 147, D13
Khun Yuam 140, A2
Khuraburi 150, B21
Klaeng 146, A15
Klang 146, B16
Koeng 141, D4
Kok 142, C7
Kok Kabak 141, F4
Kok Kabak 141, F4
Kolok 151, F24
Kong Krailat 141, D4
Kosum Phisai 142, B7
Kotabaru 151, E24
Kra Buri 146, B19
Krabi 150, B22
Kranuan 142, B7
Krasang 142, C8
Krok Mai Daeng 142, B8
Krok Phra 144, C10
Kui Buri 147, D18
Kula 141, D4
Kumphawapi 142, C6
Kusuman 143, D6
Kut Bak 142, C6
Kut Chap 142, B6
Kut Chum 143, D7
Kut Luang 142, B8
Kut Salao 147, E13

La Tieo 146, C13
Laem Chabang 145, D12
Laem Kruat 150, B22
Laem Ngop 146, B16
Laem Sing 146, A15
Laem Sok 146, B16
Lahan Sai 146, B13
Lak Chan 150, C22
Lalom 147, D13
Lam Duan 146, C13
Lam Hoei 144, C11
Lam Luk Ka 145, D11
Lam Pam 151, D22
Lam Plaimat 142, B8
Lam Thap 150, C22
Lamae 146, C20
Lampang 140, C3
Lampang Luang 140, C3
Lamphun 140, C2
Lan Krabu 144, C9
Lan Saka 150, C22
Lan Yang 140, C4
Lang Khao 150, C22
Lang Suan 146, C20
Langu 150, C23

Lao 141, D1
Lao Khwan 144, C11
Lao Na Di 142, B7
Lao Nat 143, D6
Lat Bua Luang 145, D11
Lat Yao 144, C10
Li 140, C3
Lo Pa Lai Ok 150, B22
Lo Pa Noi 150, B22
Loei 141, F4
Loeng Nok Tha 143, D7
Lom Kao 141, F4
Lom Sak 141, F4
Long 141, D3
Lop Buri 145, D11
Luang 140, C2
Luang 144, C12
Lum Sai 150, C21

Ma Mui 145, E12
Ma Yai 150, C22
Mae 141, D1
Mae Aw 140, A1
Mae Bua 144, C9
Mae Cha 140, A2
Mae Chaem 140, B3
Mae Charim 141, E2
Mae Cho 140, C2
Mae Hong Son 140, A2
Mae Hu 141, D3
Mae Khajan 140, C2
Mae La 140, B3
Mae La Noi 140, A3
Mae Mo 141, D3
Mae Phrik 140, C4
Mae Pok 140, C3
Mae Pong 140, C2
Mae Pu 140, C4
Mae Ramat 140, B4
Mae Riap 141, D1
Mae Rim 140, C2
Mae Sai 141, D1
Mae Salid 140, B4
Mae Sam Laeb 140, A3
Mae Sameng 140, B3
Mae Sanam 140, B3
Mae Sariang 140, A3
Mae Sot 140, B4
Mae Su 140, A3
Mae Suai 140, C1
Mae Sun 140, C1
Mae Surin 140, A2
Mae Suya 140, B1
Mae Taeng 140, C2
Mae Tha 140, C3
Mae Tha 140, C3
Mae Wa 140, A3
Mae Wang 141, D2
Maeo 140, C2
Maesalak 140, C1
Maha Chana Chai 143, D8
Maha Rat 145, D11
Maha Sarakham 142, C7
Mai 140, A3
Mai 145, E10
Mai 145, E12
Mai Mae Sam 141, D3
Mai Pho Thong 144, C9
Mai Rut 146, B16
Mailun 140, B1
Makha 144, C9
Makham 145, A15
Mamuang 146, B15
Manao 143, D6
Manao Wan 145, E10
Mancha Khiri 142, B7
Manu 146, C13
Map Bua 151, D22
Map Khao Wan 147, E17
Marubo 151, F24
Mayo 151, E23

Mong Klua 144, B10
Mong Mum 142, C5
Muang 141, D4
Muang 142, B6
Muang 142, C6
Muang Ngam 140, C1
Muang Nua 140, C2
Muang Samsip 143, E8
Muang Suang 142, C8
Muang Tao 142, C8
Mukdahan 143, D7

Na 140, C4
Na Bot 140, C4
Na Bua 142, B6
Na Chaluai 147, E13
Na Chuak 142, B8
Na Duang 142, A6
Na Dun 142, C8
Na Fai 141, F4
Na Fai 142, A7
Na Haeo 141, E4
Na Kae 141, F4
Na Kae 143, D6
Na Kha 141, F4
Na Kho 141, F3
Na Klang 142, A6
Na Mahieo 142, B5
Na Mun 141, E3
Na Ngiu Noi 142, B6
Na Ngua 145, E9
Na Noi 141, E3
Na Nong Thum 142, A7
Na Pho Klang 143, E8
Na Pong 143, E7
Na Pong 150, C21
Na Sai 141, F4
Na Sanuan 147, D13
Na Thawi 151, D23
Na Wa 143, D6
Na Wai 140, C1
Na Wong 150, C22
Na Yung 142, A5
Naeng Cha 144, B11
Nakhon Chaisi 144, C12
Nakhon Nayok 145, E11
Nakhon Pathom 144, C12
Nakhon Phanom 143, E6
Nakhon Ratchasima (Khorat) 142, A8
Nakhon Sawan 144, C10
Nakhon Si Thammarat 151, D21
Nakhon Thai 141, E4
Nam 142, A6
Nam Chon 144, B10
Nam Khaem 141, F3
Nam Khun 146, A15
Nam Len 145, E9
Nam Muap 141, E3
Nam Pat 141, E3
Nam Phi 141, D4
Nam Phong 142, B7
Nam Ron 145, E10
Nam Sai 146, B20
Nam Sum 142, A5
Nam Tok Kratiog 146, A15
Nam Yun 147, E13
Namuang 141, E4
Nan 141, E2
Nang Hua Khu 142, B6
Nang Rong 146, B13
Narathiwat 151, F24
Narong 142, A8
Nathon 147, D20
Nern Sawan 144, B11
Ngao 141, D2
Ngoi 142, B6
Niang 151, E23
Nikhom Kham Soi 143, D7
Noen Hin 145, E12
Noen Maprang 145, D9

Noi Plai Kradon 144, C11
Non Champa 142, B6
Non Krabuang 142, B8
Non Liang 147, E13
Non Ngam 143, D6
Non Sung 146, B14
Non Sung 147, E13
Non Thai 142, A8
Non Yang 143, E8
Nong 141, D4
Nong 142, A8
Nong 142, B7
Nong Bua 145, D9
Nong Bua Lam Phu 142, B6
Nong Bua Rahaen 142, A8
Nong Chang 144, C10
Nong Chik 142, C7
Nong Chik 146, C20
Nong Chok 144, C9
Nong Han 142, B6
Nong Hoi 146, C18
Nong Ian 146, B14
Nong Kachot 141, D4
Nong Kaphong 145, E12
Nong Khaen 142, C7
Nong Khai 142, B5
Nong Khaman 142, B8
Nong Khan 142, A7
Nong Khon 142, A8
Nong Khon 145, E10
Nong Khu 142, B7
Nong Khu 145, E11
Nong Khun 143, D8
Nong Khun 143, E8
Nong Khwang 142, B8
Nong Ki 145, F11
Nong Kwang Li 141, D4
Nong Luang 142, C6
Nong Mapring 146, A15
Nong Met 146, C20
Nong Muang 146, B14
Nong Nam Khun 147, E13
Nong Ngu Luam 147, E13
Nong Phai 145, D10
Nong Phai 145, E9
Nong Phok 143, D7
Nong Phrao 145, E12
Nong Phu 143, E7
Nong Plong 142, A7
Nong Pradu 144, C11
Nong Pradu 147, D17
Nong Pru 144, C12
Nong Pru 145, F12
Nong Ratchawat 144, C11
Nong Rawaeng 146, C18
Nong Rua 146, C19
Nong Saeng 142, A6
Nong Saeng 142, A7
Nong Saeng 142, C6
Nong Saeng 143, D7
Nong Saeng 147, F13
Nong Sala 142, B6
Nong San 143, D6
Nong Sang 142, B6
Nong Sano 145, F11
Nong Song Hong 142, B8
Nong Song Hong 146, B13
Nong Soung 142, A8
Nong Sung 143, D7
Nong Thum 142, C6
Nong Waeng 142, B6
Nong Waeng 142, B7
Nong Waeng 143, D5
Nong Wai 142, B7
Nong Ya Plong 140, C4
Nong Ya Plong 144, C12
Nong Yai 145, E12
Nong Yao 142, C5
Nonthaburi 145, D11
Nua 151, D23
Num Chan 142, A7

Om Khut 140, B3
Om Koi 140, B3
Om Meng 140, B3
Ongkharak 145, E11

Pa Daet 141, D1
Pa Mok 145, D11
Pa Mut 150, C22
Pa Ngae 141, D1
Pa Pae 140, B2
Pa Ron 146, C18
Pa San 142, B7
Pa Sang 140, C3
Pa Tan 141, D1
Pa Yang 151, D22
Padang 140, C4
Pae 147, F17
Pai 140, B2
Pak Charang 146, C13
Pak Chong 145, E11
Pak Khat 142, C5
Pak Khlong Saphli 146, C19
Pak Nam 145, E11
Pak Nam Chumphon 146, C19
Pak Nam Lamae 146, C20
Pak Nam Lang Suan 146, C20
Pak Phanang 151, D22
Pak Thale 144, C12
Pak Thong Chai 145, F11
Pak Yang 141, E4
Paknam Tako 146, C20
Palian 150, C23
Pan Nua 141, D2
Panare 151, F23
Pang 140, C3
Pang A 140, C4
Pang Haen 140, C2
Pang La 141, D3
Pang Mon 141, E3
Pathiu 146, C19
Pathum Thani 145, D11
Patong 150, A22
Pattani 151, E23
Pattaya 147, E17
Payathouzu 144, B10
Pha Khap 141, E2
Pha Mong 140, A2
Pha Nok Khao 142, A6
Pha Pha 140, A3
Phae 140, C3
Phae 140, C3
Phaehi 145, D11
Phaeng 142, C7
Phala 146, C19
Phan 141, D1
Phan Soeng 141, D3
Phana 143, E8
Phanat Nikhom 145, E12
Phang Khon 142, C6
Phanna Nikhom 142, C6
Phanom 150, B21
Phanom Sarakham 145, E12
Phatthalung 151, D22
Phatthana Nikhom 145, D11
Phayakkhaphum Phisai 142, C8
Phayao 141, D2
Phayu 143, D8
Phayuha Khiri 145, D10
Phen 142, B6
Phetchabun 145, E9
Phetchaburi 144, C12
Phibun Mangsahan 143, E8
Phichai 141, D4
Phichit 145, D9
Phik Lueng 142, A7
Phimai 142, B8
Phitsanulok 141, D4
Phluang 146, C13
Pho 146, B20
Pho Thale 145, D9

Phon 142, B8
Phon 143, D7
Phon Chan 143, D6
Phon Charoen 142, C5
Phon Muang 142, C8
Phon Phisai 142, B5
Phon Sai 143, D8
Phon Sung 141, F4
Phon Thong 143, D7
Phon Yang 143, D8
Phong 147, D13
Phong Sai 146, A15
Photharam 144, C12
Phra 142, B7
Phra Phuttaua 145, D11
Phrae 141, D3
Phrao 140, C2
Phrasaeng 150, C21
Phrem Buri 145, D11
Phrom Phiram 141, D4
Phrom Song 142, A7
Phu Jue 144, A10
Phu Khieo 142, A7
Phu Noi 147, D17
Phu Rua 141, F4
Phu Wiang 142, A7
Phuang Phon Khon 150, C21
Phuket 150, A22
Phum Saron 147, E13
Phung 143, D8
Phunphin 150, C21
Phutthaisong 142, B8
Pi Tam 150, C21
Po Daeng 145, F11
Po Faek Nua 141, D2
Po Ka Nua 140, B2
Pom Phra Chunlachomkiao 145, D12
Pong 141, D2
Pong 144, C12
Pong Chi 141, E4
Pong Din 140, C2
Pong Ko 146, C18
Pong Pho 142, A7
Pong Tam 140, C1
Pop Phra 144, B9
Pra Tha 150, B21
Prachantakham 145, E11
Prachin Buri 145, E11
Prachuap Khirikhan 147, D18
Prahut 147, E13
Prakan 145, D12
Prakham 146, B13
Prakhon Chai 146, B13
Pran Buri 147, D17
Prasat 146, C13
Prathai 142, B8
Pru Yai 147, D13
Pu Suk 140, B3
Puai Yai 143, D8

Rai Khi 143, E8
Rai Na Dieo 141, D2
Rai Suan Khwan 147, D18
Rai Yup 146, C18
Rakam 141, D4
Rakam 145, F12
Raman 151, E24
Rangae 151, F24
Ranong 146, B20
Ranot 151, D22
Rasi Salai 143, D8
Ratchaburi 144, C12
Rattana Buri 142, C8
Rattaphum 151, D23
Rawai 150, A22
Rayong 147, F17
Renu Nakhon 143, E6
Roi Et 142, C7
Ron Phibun 150, C22
Rong Kwang 141, D3

Ru Lamang 142, A8
Rua 142, B7
Rua Kham 142, C5
Ruso 151, F24

Sa Kaeo 145, F12
Sa Krachom 144, C11
Sa Prathip 145, F11
Sadao 146, B13
Sadao 151, D23
Sahatsakhan 142, C7
Sai Buri 151, F23
Sai Khao 150, C22
Sai Ra 146, C19
Sai To 150, C21
Sai Yok 144, B11
Sak Lek 145, D9
Sakhon Nakhon 143, D6
Sako 151, E24
Sala Nam 150, C22
Salak Phet 146, B16
Sali 141, E3
Sam Chuk 144, C11
Sam Kha 143, D7
Sam Khok 145, D11
Sam Muang 141, F4
Sam Ngam 145, D9
Sam Ngao 140, C4
Sam Pa Tong 145, F12
Sam Yaek Huai Sak 146, C19
Samo Khon 140, C4
Samran 142, A7
Samran 142, B7
Samrong Thap 143, D8
Samut 145, D12
Samut Sakhon 145, D12
Samut Songkhram 144, C12
Samyoek 141, F4
San Mamuang 140, B4
San Pa Tong 140, C2
San Ro Changan 146, B14
San Sai 140, C2
Sanam Chai Khet 145, E12
Sang Kho 142, C6
Sang Khom 142, A5
Sang Khom 142, B5
Sang Toh 144, B10
Sangkla 146, C13
Sangkola Buri 144, A10
Sanphaya 145, D10
Santi 141, E2
Sao Hai 145, D11
Sap Setthi 145, E11
Saphan Nak 145, D10
Saraburi 145, D11
Saraphi 145, F11
Sathani Nam Tok 144, B11
Sattahip 147, E17
Satuk 142, C8
Satun 151, D23
Sawang Daen Din 142, C6
Sawang Samran 143, D6
Sawankhalok 141, D4
Sawi 146, C19
Seka 143, D5
Selaphum 143, D7
Sena 145, D11
Si Mahaphot 145, E11
Si Muang Mai 143, E8
Si Racha 145, E12
Si Sa Ket 143, D8
Si Sakhon 151, F24
Si Samrong 141, D4
Si Satchanalai 141, D4
Si Sawat 144, B11
Si Songkhram 143, D6
Si Than 143, D8
Si That 142, C6
Si Thep 145, E10
Siam 143, D8
Siat 150, B21

Sichon 151, D21
Sikherapham 142, C8
Sikhiu 145, F10
Sila Phet 141, E2
Sing Buri 145, D10
Siu 146, A15
Soem Ngam 140, C3
Soeng Sang 145, F11
Som 142, A6
Som Poi 146, B13
Somdet 142, C7
Song Khaeo 141, E2
Song Phi Nong 144, C11
Song Phi Nong 146, B14
Songkhla 151, D23
Sop Hok 140, C2
Sop Huai 141, D1
Sop Kham 141, E2
Sop Lun 141, D2
Sop Moei 140, A3
Sop O Nok 140, C2
Sop Prap 140, C3
Sophisai 142, C5
Suan Pah 150, B21
Suan Phung 144, B12
Sub Samoh Tod 145, E10
Suk 141, E2
Sukhirin 151, F24
Sukhothai 141, D4
Sumthum 142, A8
Sung Men 141, D3
Sup 141, F3
Sup Nam 147, D18
Suphan Buri 144, C11
Surat 150, C21
Surin 146, C13
Suwannaphum 142, C8

Ta Khli 145, D10
Ta Phraya 146, B14
Ta Saeng Na 150, B21
Tabaek 142, C8
Tak Bai 151, F24
Tak(Rahaeng) 140, C4
Takhro 142, B8
Tako 146, B13
Takua Pa 150, A21
Takua Thung 150, B22
Talat 142, C7
Talat 145, D11
Talat Sai 142, B8
Taling Chan 145, D12
Taling Chan 145, F11
Taloh Wow 150, C23
Talung 144, C11
Tammalang 151, D23
Tamru 146, C19
Tan Dieo 142, B6
Tapai 140, B2
Tapan 142, B8
Taphan Hin 145, D9
Tat Kha 141, F4
Tha 142, B7
Tha Bo 142, B5
Tha Chalaep 146, A15
Tha Champa 143, D6
Tha Chana 146, C20
Tha Chang 145, E11
Tha Chang 150, B21
Tha Hak 146, C20
Tha Hin Som 140, A2
Tha Khanun 150, B22
Tha Lat 145, E12
Tha Li 141, F3
Tha Mai 146, A15
Tha Maka 144, C11
Tha Maklua 141, D4
Tha Muang 144, C11
Tha Nang Phrom 151, D22
Tha Nod 151, D23
Tha Pla 141, D3

Tha Rua 145, D11
Tha Sae 146, C19
Tha Sai 145, E11
Tha Sala 151, D21
Tha Sang 142, C5
Tha Se 150, B21
Tha Song Yang 140, B4
Tha Takiao 145, E12
Tha Thong Mon 144, B11
Tha Tum 142, C8
Tha Uthen 143, D6
Tha Wang Pha 141, E2
Thai Muang 150, A22
Thalang 150, A22
Thalat Khae 142, B8
Tham Phra 150, C22
Tham Prakayang 146, B19
Tham Waram 150, B21
Than Mayom 146, B16
Than To 151, E24
Thang Phat 142, B7
Thani 150, C21
Thanya Buri 145, D11
Thap Chak 146, B19
Thap Lamu 150, A21
Thap Put 150, B21
Thap Rang 145, E12
Thap Sakae 146, C18
Thap Tai 147, D17
Thap Than 144, C10
That Chomsi 141, F3
That Phanom 143, D6
Thaton 140, C1
Thawat Buri 142, C7
Thawatchaburi 142, C7
Thepha 151, E23
Thepphanom 143, D6
Thi Kai 144, B10
Thoen 140, C3
Thoeng 141, D1
Thon Kiang 150, C21
Thon Na Phloen 142, B6
Thon Pla 146, C20
Thong Lang 142, B8
Thong Pha Phum 144, B11
Thong Sala 147, D20
Thun 150, C21
Thung 141, D4
Thung 144, C12
Thung 145, F12
Thung Chang 141, E2
Thung Dao 150, A21
Thung Faek 145, F11
Thung Hua Chang 140, C3
Thung Kha 140, C2
Thung Kha Tok 146, C19
Thung Khai 150, C22
Thung Kwang 141, E2
Thung Nao 141, D3
Thung Pha 140, C3
Thung Ri 144, C12
Thung Saeng A-Run 146, C18
Thung Saliam 140, C4
Thung Sani 144, C11
Thung Sanun 144, C9
Thung Saphan 146, A15
Thung Song 150, C22
Thung Tako 146, C20
Thung Wa 150, C23
Thung Yai 150, C22
To Khet 143, D7
Ton Klua 141, D3
Ton Sai 151, F23
Tong Khop 143, D6
Trakan Phur Phon 143, E8
Trang 150, C22
Trat 146, B16
Trom 150, B21
Tron 141, D4
Tum 143, D8
Tung Kloy 141, D1

U Thai Thong 142, A8
Uam 140, C3
Ubon Ratana 142, B7
Ubon Ratchathani 143, E8
Udon Thani 142, B6
Umphang 144, B9
Uthai Thani 144, C10
Uttaradit 141, D3

Waeng 151, F24
Waeng Noi 142, B8
Waeng Yai 142, B7
Wai 141, D1
Wang Chan 146, A15
Wang Chao 140, C4
Wang Chin 141, D3
Wang Hin 141, F4
Wang Hin Ngoo 144, C10
Wang Mon 145, E10
Wang Mun 142, A8
Wang Mut 145, F11
Wang Na 145, D10
Wang Nam Yen 145, F12
Wang Nua 140, C2
Wang Pha 141, F3
Wang Sam Mo 142, C6
Wang San 144, C9
Wang Saphung 141, F4
Wang Thong 141, E4
Wang Yao 144, C10
Wanon Niwat 142, C6
Wapi Pathum 142, C8
Warin Chamrap 143, E8
Waritchaphum 142, C6
Wat Bot 141, D4
Wat Nok 150, C21
Wat Sing 144, C10
Watchan 140, B2
Watthana Nakhon 145, F12
Wawi 140, C1
Wiang Chai 141, D1
Wiang Haeng 140, B1
Wiang Kaen 141, E1
Wiang Pa Pao 140, C2
Wiang Sa 141, E2
Wichian Buri 145, E10

Yaeng 141, E4
Yaha 151, E24
Yai 142, B8
Yai Khong 145, F12
Yala 151, E23
Yan Ta Khao 150, C23
Yang 142, C7
Yang 144, C9
Yang Ngam 146, A15
Yaring 151, E23
Yasothon 143, D8
Yawi 145, E9

Orts- und Sachregister

Wird ein Begriff mehrfach aufgeführt, verweist die **fett** gedruckte Zahl auf die Hauptnennung, eine *kursive* Zahl auf ein Foto.

Abkürzungen:
Hotel [H]
Restaurant [R]

Amanpuri [H, Phuket,
    MERIAN-TopTen] *10/11*, 106
Amanusa [R, Khao Lak] 92
Ancient City
    [Samut Prakan] 31
Anreise 130
Ao Nang Villa Resort
    [H, Krabi] 102
Ao Phang Nga Marine
    National Park 109
Arayaburi Boutique
    Resort [H, Ko Phi Phi] 110
Aroon [Rai] Restaurant
    [R, Chiang Mai] 65
Arun Residence [H, Bangkok]
    44
Auskunft 130
Ayutthaya 49
Ayutthaya Historical Study
    Centre 50
Ayothaya Riverside Hotel
    [H, Ayutthaya] 50

Baan Banyan Beachfront
    Hotel [H, Hua Hin] 88
Baan Chaweng Beach Resort
    [H, Ko Samui] 97
Baan Rim Pa [Phuket,
    MERIAN-Tipp] 106, *107*
Baan Sao Nak [Lampang] 69
Baan Thai Food Garden &
    Antique House
    [R, Ko Samui] 98
Bai Fern Restaurant
    [R, Mae Hong Son] 72
Bangkok 35
Banyan Tree Bangkok
    [H, Bangkok] *12*, 44
Banyan Tree Phuket
    [H, Phuket] 19
Bay Restaurant [R, Ko Chang]
    77
Bayioke Sky Hotel
    [H, Bangkok] 44
Beluga School for Life
    [H, Na Nai] 19, *21*
Betel Nut [R, Ko Samui] 98
Bettler 130
Bevölkerung 122
Big Buddha [Ko Samui] 96,
    100
Bird In The Hand
    [R, Ko Samui] 98
Bird's Eye View Terrace
    [R, Nong Khai] 84
Blue Elephant [R, Bangkok]
    44

Blue Lagoon Resort
    [H, Ko Chang] 76
Boathouse Wine &
Grill Restaurant [R, Phuket]
    106
Brasserie Beach [H, Khao Sam
    Roi Yot National Park] 90
Buchtipps 130
Buffalo Bay Vacation Club
    [Ko Phayam] 95
Bupatara Boutique Hotel
    [H, Chiang Mai] 64
Bussaracum [R, Bangkok] 44

Cabbage & Condoms
    [R, Nakhon Ratchasima] 78
Cafe de Sol [R, Ko Tao] 100
Cha-am 115
Chaiya 116
Chao Lay [R, Hua Hin] 88
Chao-Phraya-Fluss 43, *43*
Chatchai Market [R, Hua Hin]
    89
Chaweng 96, *99*
Chiang Mai 61
Chiang Mai National Museum
    [Chiang Mai] 62
Chiang Mai Thai Cookery
    School [Chiang Mai,
    MERIAN-Tipp] 66
Chiang Rai 117
Chinatown [Bangkok] 37, *38*
Chumphon 116
Ciao Bella [R, Ko Phi Phi] 110
Coconut Grove [R, Khao Lak]
    92
Cookies Restaurant
    [R, Ko Chang] 77
Crocodile Farm 48

Damnoen Saduak *22*, 48
Dan Kwian 79
Democracy Monument
    [Bangkok] 42
Den Mekong entlang
    [MERIAN-Tipp] 82
Diplomatische
    Vertretungen 131
Doksom Restaurant
    [R, Nakhon Ratchasima] 79
Dolphin Bay Resort [H, Khao
    Sam Roi Yot National Park]
    90
Dream Café [R, Sukhothai] 56
Dream World [Bangkok] 31
Drop In Club Resort & Spa
    [H, Ko Phangan] 93

Dusit Laguna Phuket
    [H, Phuket] 106
Dusit Princess Khorat
    [H, Nakhon Ratchasima]
    78
Dusit Zoo [Bangkok] 38

Einkaufen 22
Einreise 131
Elefantentrekking *112/113*,
    117
Elephant Round Up [Surin,
    MERIAN-Tipp] 80, *81*
Elephant Training Centre
    [Chiang Dao] 31
Entfernungen 138
Erawan Shrine
    [Bangkok] 38
Essen 14
Events 24

Familientipps 30
Fantasea [Phuket] 104
Farm Phlaatuthong
    Restaurant [R, Nakhon
    Ratchasima] 79
Feiertage 131
Felix River Kwai Resort
    [H, Kanchanaburi] 54
Felsenklettern [MERIAN-Tipp]
    27, *102*
Fern Rim Tarn Resort
    [H, Mae Hong Son] 72
Feste 24
Floating Restaurants 15
Full Moon Parties
    [Ko Phangan] 94

Gap's Guesthouse
    [H, Chiang Mai] 65
Garküchen *14*, 15
Geld 131
German Bakery
    [R, Ko Phayam] 95
Geschichte 124
Giorgio Italian Restaurant
    [R, Chiang Mai] 65
Golden Mount
    [Bangkok] 42
Goldenes Dreieck 68
Golf 27
grüner reisen 18
Guesthouses 13

Harmony Beach Resort
    [H, Ko Phangan] 93
Hat Rin Beach *92*, 93
Heuan Chom Wang
    [R, Lampang] 70
Heuan Phen [R, Chiang Mai]
    65
Holiday Inn Phi-Phi
    Island [H, Ko Phi Phi]
    110
Hua Hin 28, **87**, 115
Hua Hin Railway Station
    [Hua Hin] 87

Imperial Tara Mae Hong Son [H, Mae Hong Son] 72
Internet 132
Invito [R, Ko Chang] 77

JEATH War Museum [Kanchanaburi] 53
Jim Thompson's House [Bangkok] 39
Jungle Park Hotel [H, Ko Samui] 98
Juwelen 23

Kai Mook [R, Mae Hong Son] 73
Kamphaeng Phet 56
Kanchanaburi 52
Kan Eang I & II Seafood [R, Kanchanaburi] 107
Kangkao Chongpran Cave 115
Kan Thiang Beach 118
Kanu 27
Kanutouren [MERIAN-Tipp] 108
Keeree Tara [R, Kanchanaburi] 54
Khao Daeng Aussichtspunkt 89
Khao Lak 90
Khao Lak Lamru National Park 92
Khaolak Orchid Beach Resort [H, Khao Lak] 91
Kho Phanom Bencha National Park 102
Khao Phra Thaeo National Park [Phuket] 104
Khao Sam Roi Yot National Park 89
Khao Yai National Park [MERIAN-TopTen] 78, 79
Khorat 77
Kinder 30
Klai Kangwon [Hua Hin] 88
Kleidung 132
Klima 135
Klong Dao Beach 118
Ko Bulon Leh [MERIAN-Tipp] 28, 119
Ko Chang 28, 74, 75
Ko Hai 119
Ko Lanta 118
Ko Lanta Island National Park 118
Ko Lipe 118, 119
Ko Kradan 118
Ko Kut [Ko Chang] 76
Ko Mak [Ko Chang] 76
Ko Muk 118
Ko Ngai 118
Ko Phangan [MERIAN-TopTen] 28, 92, 93
Ko Phayam [MERIAN-TopTen] 95
Ko Phi Phi 28, 110
Ko Phi Phi Don 110

Ko Phi Phi Leh 109, 110
Ko Samet 29, 77
Ko Samui 29, 95, 99
Ko Sukon 119
Ko Tao 29, 99
Koh Chang Cliff Beach Resort [H, Ko Chang] 76
Königliches Barkenmuseum [Bangkok] 41
Königspalast [Bangkok, MERIAN-TopTen] 34, 41
Korat Hotel [H, Nakhon Ratchasima] 78
Krabi 29, 32/33, 101, 103
Kru lew [R, Sukhothai] 56
Kuan Yin Tempel [Ko Samui] 2
Kulinarisches Lexikon 128

Lampang 69
Lamphun 68
Layalina Hotel [H, Phuket] 106
Le Croissant [R, Phuket] 108
Lisu Lodge Trekking 20
Lord Jim's [R, Bangkok] 44
Loy-Krathong-Fest [MERIAN-Tipp] 24, 25

Mae Hong Son 71
Mae Hong Son Resort [H, Mae Hong Son] 72
Mae Sa Valley 68
Mae-Kok-Fluss [MERIAN-TopTen] 69, 117
Mahawirawong-Museum [Nakhon Ratchasima] 78
Mah Boonkrong Centre [R, Bangkok] 45
Malakor [R, Ayutthaya] 50
Mangosteen Resort & Spa [H, Phuket] 106
Manohra Cruises [R, Bangkok] 45
Mantra [R, Pattaya] 84
Mandarin Oriental Dhara Dhevi [H, Chiang Mai] 64
Märkte [Bangkok] 46, 46
Medizinische Versorgung 132
Mekong-Fluss [MERIAN-Tipp] 82
Mut Mee Garden Restaurant [R, Nong Khai] 84
Mut Mee Guest House [H, Nong Khai] 84

Na Muang Waterfall [Ko Samui] 96
Nakhon Pathom 49, 114
Nakhon Ratchasima 77
Nathon [Ko Samui] 96
Nationalmuseum [Bangkok, MERIAN-TopTen] 42
Nebenkosten 132
Night Market [R, Sukhothai] 56

Night Market Chiang Mai [MERIAN-TopTen] 66, 67
Nong Khai 82
Nordostthailand 74
Nordthailand 60, 112/113
Notruf 133
Nuan Na Ram 122

Old Chiang Mai Cultural Center [R, Chiang Mai] 66
Orchid Hibiscus Guest House [H, Sukhothai] 56
Ostthailand 74

Pak Thong Chai 80
Panviman Koh Chang Resort [H, Ko Chang] 76
Papa's Tapas [R, Ko Tao] 100
Patpong [Bangkok] 39
Patpong Nightmarket [Bangkok] 47
Pattaya 84
Pattaya Elephant Village [Pattaya] 85
Phae Krung Khao [R, Ayutthaya] 50
Phang Nga 26
Phayam Coconut Beach Resort [H, Ko Phayan] 95
Phetchaburi 115
Phimai 80
Phitsanulok 57
Phra-Nakorn-Khiri-Palast [Phetchaburi] 115
Phra Ratchaniwet Mrigadayan 89
Phraya Nakhon 89, 91
Phuket 29, 103
Phuket Marine Biological Park [Phuket] 31, 104
Phuket Town [Phuket] 105
PIC Kitchen [R, Pattaya] 85
Pin Hotel [H, Lampang] 70
Piya Guesthouse [H, Mae Hong Son] 72
Politik 123
Poppies [R, Ko Samui] 98
Post 133
Prasat Hin Khao Phanom Rung Historical Park 80
Prego [R, Ko Samui] 98

Queen Saovabha Memorial Institute [»Snake Farm«, Bangkok] 33

Rabbit Resort [H, Pattaya] 85
Rainbow Restaurant & Ice Cream [R, Sukkothai] 56
Ram Kamhaeng Museum [Sukhothai] 55
Rang Mahal [R, Bangkok] 45
Ratchaburi 114, 116
Ratchamankha [H, Chiang Mai] 64
Red Snapper [R, Ko Lanta] 118

Reisedokumente 134
Reiseknigge 134
Reisezeit 135
Religion 123
Reuan Mai [R, Krabi] 102
River Kwai-Brücke
[Kanchanaburi] *52*, 53
Riverside Bar & Restaurant
[R, Lampang] 70
River View Palace Hotel
[H, Ayutthaya] 50
River View Lodge
[H, Chiang Mai] 65
Rockfish [R, Phuket] 107
Rocky's Boutique Resort
[H, Ko Samui] 97
Rooks Holiday Hotel & Resort
[H, Mae Hong Son] 72
Routen 112, 114, 117, 118
Royal Kitchen [R, Bangkok] 44
Royal Mekong Nong Khai
[H, Nong Khai] 83
Royal River Kwai Resort
[H, Kanchanaburi] 54

Sabai, Sanuk, Suay
[Im Fokus] 58
Sadet Market [Nong Khai] 84
Safari World & Siam Water
Park [Min Buri] 31
Sala Kaew Ku Sculpture Park
[Nong Khai] 83, *83*
Sala Mae Rim [R, Chiang Mai]
65
Sala Rim Naam [Bangkok,
MERIAN-TopTen] 47
Salathai [R, Krabi] 102
Salween River Restaurant
[R, Mae Hong Son] 73
Samed Grand View
[H, Ko Samet] 77
Samui Reef View Resort
[H, Ko Samui] 98
Sanam Luang [Bangkok] 42
Sand Sea Resort [H, Krabi]
102
Schlemmer-Etagen
[MERIAN-Tipp] 17
Schwimmende Märkte
[Damnoen Saduak] *22*, 48
Si Satchanalai 57
Sima Thani [H, Nakhon
Ratchasima] 78
Skytrain [Bangkok] 36, *36*
Sofitel Centara Grand Resort
& Villas Hua Hin
[H, Hua Hin] 88
Spice Market [R, Bangkok]
45
Sport 26
Sprache 124
Sprachführer 126
Strände 28
Strände [Khao Lak] 91
Strände [Ko Phangan] 93
Strom 135
Südthailand **86**, 118

Sukhothai [MERIAN-TopTen]
54
Sukhothai Heritage Resort
[H, Sukhothai] 56
Sukhothai Suki-Koka
[R, Sukhothai] 56
Sunset Point Restaurant
[R, Phuket] 107
Surat Thani 116
Surin Islands Marine National
Park 92

Tamarind Resort [H, Ko Samui]
98
Tamarind Restaurant
[R, Ko Samui] 98
Tamarind Village
[H, Chiang Mai,
MERIAN-Tipp] 65
Tauchen 28
Taxis 137
Telefon 136
Thai Elephant Conservation
Centre 20
Thai Phochana [R, Nakhon
Ratchasima] 79
Thai-Baumwolle 23
Thai-Seide 23
Tha Nam [R, Chiang Mai] 65
Thaleh Thai [R, Nakhon
Ratchasima] 79
Tham Morakat 119
Tham Phra Nang Beach
[MERIAN-TopTen] 29, *86*,
101
Tham Phraya Nakhon 89, *91*
Tham Sai 89
Than Mayom Waterfall
[Ko Chang] 76
Thaton 69
The Chedi [H, Phuket] 106
The Dewa [H, Ko Chang]
76
The Mango Tree [R, Bangkok]
44
The Oriental [H, Bangkok]
43
The Peninsula Bangkok
[H, Bangkok] 44
The Shell [R, Ko Phangan]
94
The Terrace [R, Ko Samui] 98
The Village Green
[R, Ko Phangan] 94
The White Box [R, Phuket]
108
Thipwimarn Resort
[H, Ko Tao] 100
Thung Ka Café [R, Phuket]
108
Tonsai [R, Ko Phi Phi] 110
Touren 112, 114, 117, 118
Trekking 28
Trinken 14
Trinkgeld 136
Tuk-Tuks *120/121*, 137
Tung Yee Village 21

Übernachten 12
Underwater World [Pattaya]
85

Verkehr 136
Vihara Phra Mongkol Bophit
[Ayutthaya] 49
Vimanmek Teakwood Palace
[Bangkok] 39

Wassersport 28
Wat Arun [Bangkok] 39
Wat Benchamabophit
[Bangkok] 40
Wat Bovornivet [Bangkok] 40
Wat Chalong [Phuket] 106
Wat Chedi Luang [Chiang Mai]
61, 62
Wat Chong Kham
[Mae Hong Son] 71
Wat Chong Klang [Mae Hong
Son] 71
Wat Mahathat [Ayutthaya] 49
Wat Mahathat [Sukhothai] 55,
57
Wat Pho Chai [Nong Khai] 83
Wat Phra Keo [Bangkok,
MERIAN-TopTen] *34*, 40
Wat Phra Keo Don Tao
[Lampeng] 70
Wat Phra Si Sanphet
[Ayutthaya] 49
Wat Phra Singh [Chiang Mai]
62, 64
Wat Phra That Doi Kon Mu
[Mae Hong Son] 72
Wat Phra That Doi
Suthep [Chiang Mai] 62
Wat Phra That Lampang
Luang *70*, 71
Wat Po [Bangkok] *40*, 41
Wat Saket [Bangkok] *41*, 42
Wat Si Chum [Sukhothai] 55
Wat Si Sawai [Sukhothai] 55
Wat Sra Sri [Sukhothai] 55
Wat Suan Mokh [Chaiya] 116
Wat Traimit [Bangkok] 41
Whole Earth Restaurant
[R, Chiang Mai] 65
Wirtschaft 123
Woodlands Resort
[H, Pattaya] 85

Zeitungen 138
Zeitverschiebung 138
Zentralthailand 34
Zest Bakery & Restaurant
[R, Chiang Mai] 66
Zoll 138

Liebe Leserinnen und Leser,
vielen Dank, dass Sie sich für einen Titel aus unserer Reihe MERIAN *live!* entschieden
haben. Wir freuen uns, Ihre Meinung zu diesem Reiseführer zu erfahren. Bitte schreiben Sie
uns an merian-live@travel-house-media.de, wenn Sie Berichtigungen und Ergänzungen
haben – und natürlich auch, wenn Ihnen etwas ganz besonders gefällt.

Alle Angaben in diesem Reiseführer sind gewissenhaft geprüft. Preise, Öffnungszeiten usw.
können sich aber schnell ändern. Für eventuelle Fehler übernimmt der Verlag keine Haftung.

© 2011 TRAVEL HOUSE MEDIA
   GmbH, München
MERIAN ist eine eingetragene Marke der
GANSKE VERLAGSGRUPPE.

1. Auflage

Alle Rechte vorbehalten. Nachdruck, auch
auszugsweise, sowie die Verbreitung durch
Film, Funk, Fernsehen und Internet, durch
fotomechanische Wiedergabe, Tonträger
und Datenverarbeitungssysteme jeglicher
Art nur mit schriftlicher Genehmigung
des Verlages.

**BEI INTERESSE AN DIGITALEN DATEN
AUS DER MERIAN-KARTOGRAPHIE:**

iPUBLISH GmbH, Abt. Cartography
merianmapbase@ipublish.de
www.merianmapbase.de

**BEI INTERESSE AN
ANZEIGENSCHALTUNG:**

KV Kommunalverlag GmbH & Co KG
MediaCenterMünchen
Tel. 0 89/92 80 96 44
winzer@kommunal-verlag.de

TRAVEL HOUSE MEDIA
Postfach 86 03 66
81630 München
merian-live@travel-house-media.de
www.merian.de

PROGRAMMLEITUNG
Dr. Stefan Rieß
REDAKTION
Stella Rahn
LEKTORAT
Beate Martin
BILDREDAKTION
Caroline Davis, Stella Rahn
SCHLUSSREDAKTION
Edda Benedikt
SATZ
Sabine Dohme, für bookwise München
REIHENGESTALTUNG
Independent Medien Design,
Elke Irnstetter, Mathias Frisch
KARTEN
MERIAN-Kartographie
DRUCK UND BINDUNG
Polygraf Print, Slowakei
GEDRUCKT AUF
Eurobulk Papier von der
Papier Union

Ein Unternehmen der
GANSKE VERLAGSGRUPPE

© Mix
Produktgruppe aus vorbildlich
bewirtschafteten Wäldern, kontrollierten
Herkünften und Recyclingholz oder -fasern
www.fsc.org Zert.-Nr. SGS-COC-004980
© 1996 Forest Stewardship Council

BILDNACHWEIS

Titelbild (Wat Yai Chai Mongkhon, Ayutthaya), laif: hemis.fr/M. Dozier
A1PIX: GEO 34 • Alamy: Ch. Hellier 83, P. Kingsley 81, R. Marsden 78, Ch. McLennan 112/113, D. Noble
Photography 100, B. Pipe 67, D. Russell 46, L. Serebrennikov 64, M. Strmiska 119, P. Widmann 70 • Arco
Images: Camera Botanica 18 • Banyan Tree Hotels 12 • Beluga School for Life 21 • Bildagentur Huber:
R. Schmid 38, 57 • Bilderberg: Dinodia 30 • dpa 120/121 • Getty Images 16 • Getty Images: Bloomberg/
U. Weitz 116, L. Sinibaldi 32/33 • Holzner & Lengnick 60, 103 • imago: H. Jelinek 91 • S. Kuttig 109 •
laif: Hemispheres 22, K. Henseler 4, F. Heuer 14, 40, J. Modrow 114, Polaris/Ch. Brown 24, M. Sasse 74,
M. Tueremis 86 • look-foto: B. Limberger 10/11, I. Pompe 26, 107 • Mandarin Oriental Hotel Group 36 •
Th. Stankiewicz 2, 8, 43, 51, 52, 58, 73, 92, 99, 122